NHK
プロフェッショナル
仕事の流儀

8

信念をつらぬくプロフェッショナル

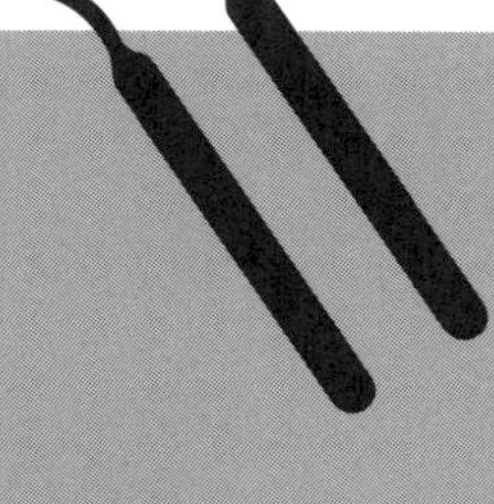

編：NHK「プロフェッショナル」制作班

NHK プロフェッショナル 仕事の流儀 8

信念をつらぬくプロフェッショナル

目次

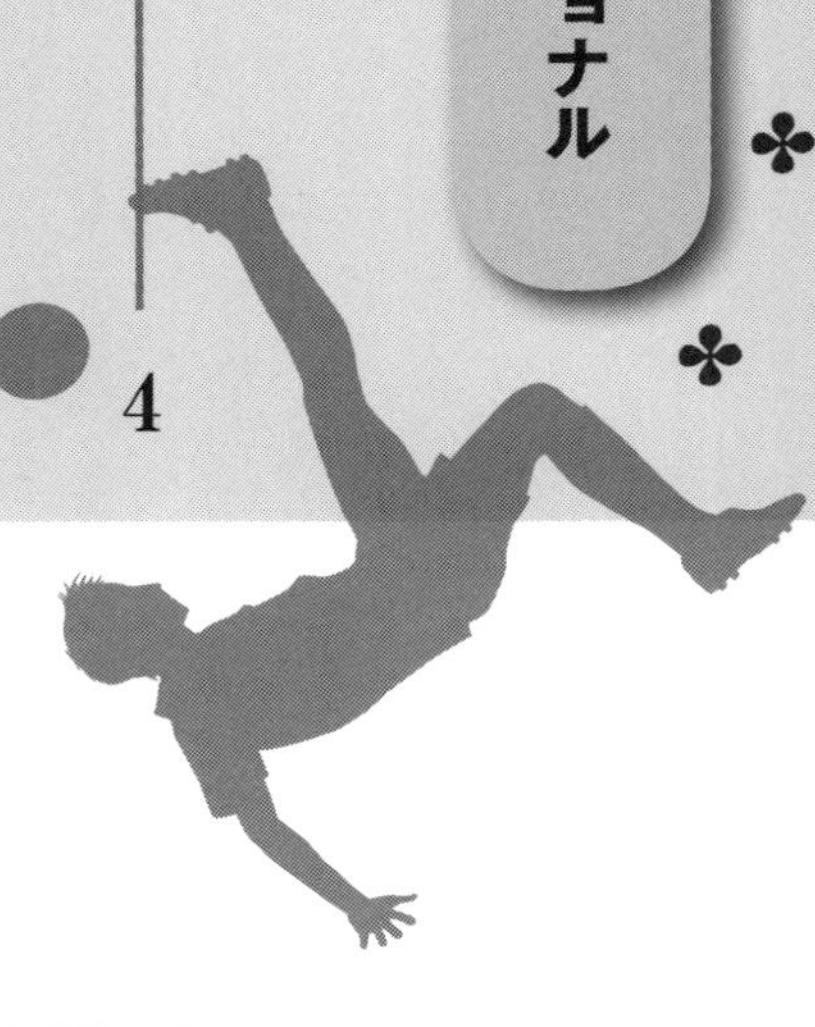

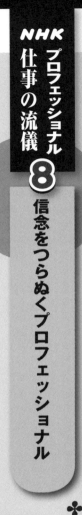

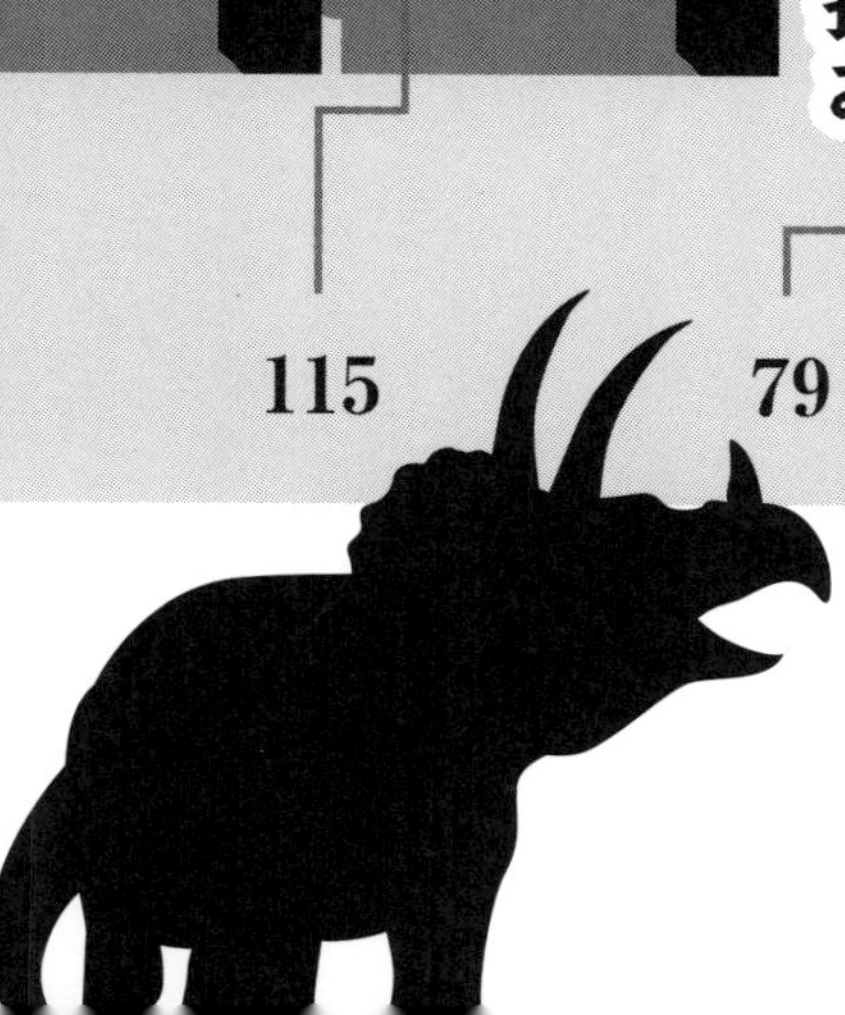

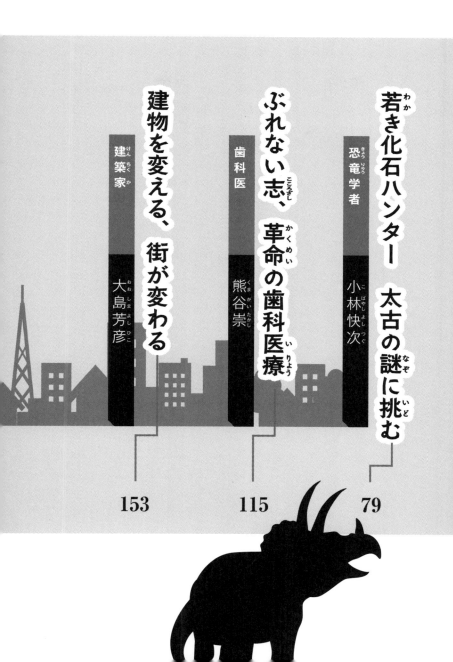

はじめに

このシリーズは、ＮＨＫで放送された番組『プロフェッショナル 仕事の流儀《りゅうぎ》』を書籍《しょせき》にまとめなおしたものです。

番組では、さまざまな分野の第一線で活躍《かつやく》しているその道のプロフェッショナルたちの「仕事」をほり下げ、プロフェッショナルたちの仕事にのぞむ姿勢《しせい》や、その生き方をつらぬく「流儀《りゅうぎ》」を紹介《しょうかい》しています。

8巻《かん》「信念をつらぬくプロフェッショナル」では、どんな困難《こんなん》をも乗りこえて、自らの信念をつらぬき前へとつき進む、５人のプロフェッショナルたちが登場します。

プロフェッショナルたちの仕事にのぞむ姿勢《しせい》や考え方をとおして、仕事の奥深《おくぶか》さ、働くということの魅力《みりょく》、プロフェッショナルたちの生き方の流儀《りゅうぎ》を伝えられればと思います。

ストーリーの最後には、プロフェッショナルたちの格言《かくげん》をのせています。プロフェッショナルたちのことばが、これからを生きるみなさんの道しるべになることを願います。

「信念をつらぬくプロフェッショナル」編集部《へんしゅうぶ》

ぶれない信念が、勝利をつかむ

プロサッカー監督《かんとく》
森《もり》保《やす》一《はじめ》

©Ｊリーグ／サンフレッチェ広島

日本プロサッカーリーグ、通称《つうしょう》Jリーグ。
激《はげ》しい競争の中で、つねに結果を求められるきびしい世界。
そんな中、5年間で3回のリーグ制覇《せいは》をなしとげたチームがある。
サンフレッチェ広島《ひろしま》。そのチームを率《ひき》いたのは、ひとりの若《わか》い監督《かんとく》だ。
選手の才能《さいのう》を見ぬき、やる気をひきだし、育て上げ、
育てられた選手たちが生き生きと躍動《やくどう》する、唯一無二《ゆいいつむに》のチームをつくった。
かつては、自身も日本代表チームでプレーした名選手。
サッカーの喜びと苦しみを知りつくす。
その経験《けいけん》から、どのような状況《じょうきょう》でも変わることのない、かたい信念をもっていた。
２０１６年、4回目のリーグ優勝《ゆうしょう》をねらってシーズンにのぞんだサンフレッチェ。
ところが、チームを試練がおそった。
名将《めいしょう》は、信念をつらぬいてチームを立て直し、勝利へと導《みちび》くことができるだろうか。

✳「全員」と「ひとりひとり」を大切に

2016年2月上旬《じょうじゅん》。

Jリーグ開幕《かいまく》をひかえて、プロサッカーチーム、サンフレッチェ広島《ひろしま》は、宮崎県《みやざき》で合宿をしていました。

練習準備《じゅんび》中のピッチに、チームスタッフたちがゴールを運びだしています。重そうに運んでいるところに走《はし》り寄《よ》って手伝うジャージ姿《すがた》の人。

このチームの監督《かんとく》、森保一《もりやすはじめ》さんです。

就任《しゅうにん》5年目で、すでに3回のリーグ優勝《ゆうしょう》をはたした名監督《かんとく》ですが、えらぶったところは少しも見られません。

「監督《かんとく》だけど、キャプテンのちょっと上、くらいの感じ」

そう話して森保《もりやす》さんは笑います。

サンフレッチェ広島《ひろしま》は、広島《ひろしま》市に本拠地《ほんきょち》をおくチームです。Jリーグ発足時から

ⓒサンフレッチェ広島

広島《ひろしま》市内にあるサンフレッチェ広島《ひろしま》の本拠地《ほんきょち》、エディオンスタジアム広島《ひろしま》。

加盟《かめい》しているクラブで、２０１２年、２０１３年、２０１５年と、3回年間優勝《ゆうしょう》をしています。

この3回の優勝《ゆうしょう》すべてが、森保《もりやす》さんが監督《かんとく》としてチームを率《ひき》いてのもの。これほどの成果を上げた森保《もりやす》さんのチームづくりとは、どのようなものなのでしょうか。

ミスはみんなで修正《しゅうせい》する

森保《もりやす》さんは、40年近いサッカーの経験《けいけん》から、こう語ります。

「サッカーは、おそらく球技《きゅうぎ》の中でいちばんミスがたくさんでるスポーツです。思いどおりにいくことのほうが少ない。だからミスがでたときに、みんなでカバーし合ってとりかえそう、ということを伝えています。ミスをどう修正《しゅうせい》して次のことに向かっていくかという、チームの統一《とういつ》された意識《いしき》が大切なんです」

開幕《かいまく》間近、森保《もりやす》さんには少し気にかかっている選手がいました。チームに加入したばかりの、ピーター・ウタカ選手。ナイジェリア出身で、各国のチームでプレーしてきた経験豊富《けいけんほうふ》なウタカ選手は、たくみなパスと高い確率《かくりつ》で点をとれる決定力で、攻撃《こうげき》の中心となることを期待されています。

しかし、森保《もりやす》さんには、ウタカ選手の守備《しゅび》への意識《いしき》が少し低いように感じられたのです。練習中、森保《もりやす》さんはウタカ選手に声をかけ続けます。

「ウタ、攻撃《こうげき》がとぎれたら、まず守備《しゅび》位置にもどって」

「休んでいるときも守備《しゅび》をわすれないで」

チームの基本《きほん》をくり返し伝え、組織《そしき》で戦う意識《いしき》を高めさせる。この点に関して、森保《もりやす》さんはいっさい妥協《だきょう》しません。

練習の合間に、森保《もりやす》さんはウタカ選手をよびました。気楽な調子で話しかけます。

ぶれない信念が、勝利をつかむ

森保一《もりやすはじめ》

「ウタさん、フィーリング（感じ、感触《かんしょく》）は、どう？」

ウタカ選手は、少し考えてから、

「やるべきことは理解《りかい》しています。ときどき、守備《しゅび》の態勢《たいせい》にもどるのが遅《おそ》いときがあります」

とこたえました。自分がまだ求められるプレーができていないと感じているようです。森保《もりやす》さんはうなずき、ウタカ選手の目をじっと見ました。

「ウタのいいところは攻撃《こうげき》だと思ってる。でも、このチームは組織《そしき》として規律《きりつ》をもってやることが絶対《ぜったい》で、全員にそれを求めてるんだ」

「ＯＫ、ボス」

「だいじょうぶね。問題があったらいつでも話し合いましょう。ＯＫ、アリガト」

森保《もりやす》さんは朗《ほが》らかな笑い声で、この短い、けれど大切な話し合いを終えました。

これが、森保《もりやす》さんのチームづくりの基本《きほん》。全員でねばり強く守備《しゅび》をし、全員が連《れん》携《けい》して攻撃《こうげき》をすること。

森保《もりやす》さんは「組織《そしき》としてのサッカー」に徹底的《てっていてき》にこだわるのです。

＊
＊
＊

サンフレッチェは、高額《こうがく》の年俸《ねんぽう》を用意して、ほかのチームから実績《じっせき》のある選手をたくさん集められるチームではありません。選手を自分たちのチームで育てることは、監督《かんとく》である森保《もりやす》さんの大切な仕事のひとつです。

森保《もりやす》さんは、練習でいいプレーを見せた選手を、年齢《ねんれい》や過去《かこ》の実績《じっせき》に関係なくどんどん試合に出場させます。そのためサンフレッチェの練習は、実戦さながらの真《しん》剣《けん》なぶつかり合いで、「観戦料をもらっていい」と言われるほど激《はげ》しく充実《じゅうじつ》したものです。森保《もりやす》さんの指導《しどう》も熱のこもったものになります。

「もっとはっきり！」

「スローイン、早く早く」

「かんたんにかわさせるな、もっと迫力《はくりょく》をもって！」

大きな声がピッチにひびきます。激《はげ》しくボールを競り合っていた選手の上着が音を立てて破《やぶ》れました。

全体練習の最後、選手たちが森保《もりやす》さんのまわりに集合します。その日の練習のふりかえりがおこなわれるのです。

「きれいに勝とうとしなくていい。泥《どろ》くさく、かっこ悪くていいから、ねばり強く。そうやってチャンスをつくって最後は決めよう。いまは、いい刺激《しげき》をあたえ合って、いいトレーニングができていると思うので、この調子で続けていきましょう。おつかれさまでした」

森保《もりやす》さんがしめくくりました。

ところが、練習はこれで終わりません。午前中の全体練習が終わったあと、午後3時から、また10人ほどの選手が集まりランニングをはじめました。

「二部練《にぶれん》」とよばれるこの練習に参加しているのは、ベテラン選手のポジションをねらう若手《わかて》選手たち。シーズン中でも、1週間に2日ほどはおこなわれるサンフレッチェの二部練《にぶれん》は、Jリーグの中でもとくにきびしいことで知られています。

指導《しどう》はコーチが担当《たんとう》していますが、森保《もりやす》さんも特別な事情《じじょう》のないかぎり必ずこの練習に立ち会います。監督《かんとく》が見ている練習は、若手《わかて》にとっては絶好《ぜっこう》のアピールの場

全体練習のあと、二部練《にぶれん》にのぞむ若手《わかて》選手たち。

になり、何よりのはげみになるのです。

地味できびしい基礎《きそ》練習をくり返す選手たちを見つめる森保《もりやす》さんには、選手たちへのこんな思いがあります。

（全員を平等に試合にだしてあげることはできない。でも、練習を通して彼《かれ》らが成長して、次につながるようにしよう。選手を少しでものばすという気持ちをわすれずに、サポートしなければ……）

そんな森保《もりやす》さんだからこそ、とくに神経《しんけい》をすりへらすのが選手の起用です。

だれを試合にだすか？

それを決めるときに、森保《もりやす》さんが心にとどめている大切なことがありました。

「心」を預《あず》かる仕事

サッカーの監督《かんとく》にとって、選手はコマであるといえます。監督《かんとく》とは、そのコマを有効《ゆうこう》に活用しなければならない仕事です。しかし同時に、選手たちには心があり、その心を預《あず》かることも監督《かんとく》の仕事だと森保《もりやす》さんは考えています。それは、けっして順調だったわけではない、森保《もりやす》さん自身のサッカー人生から学びとったことでした。

森保《もりやす》さんは、長崎《ながさき》日本大学高校でプレーした高校時代、同じ長崎《ながさき》の強豪《きょうごう》、国見《くにみ》高校になんども負けてくやしい思いをしました。卒業後は、実業団《じつぎょうだん》チームのマツダに入団《にゅうだん》しますが、そこでもほかの選手との実力差にショックを受けました。

つねに感じていた不安。「努力はむくわれるのか」「試合にでられるのか」……。

だから、森保《もりやす》さんには、不安や迷《まよ》いをいだく選手の気持ちがよくわかるのです。（選手はロボットではない。試合にでるために、日々《ひび》努力をしてくれている。その心があるということを、わすれてはいけない）

その思いが、森保《もりやす》さんを二部練《にぶれん》に立ち会わせ、それは選手たちにも伝わっていました。森保《もりやす》さんの下《もと》で実力をつけて、日本代表チームにも選ばれ、海外プロリーグへ進出した浅野拓磨《あさのたくま》選手は、サンフレッチェ時代をふりかえってこう話します。

「監督《かんとく》がいつも見てくれているということは、自分たちのモチベーションになりましたし、監督《かんとく》のためにも必ず結果をのこそうという気持ちになりました」

森保《もりやす》さんが選手の心を大切に思い、選手も森保《もりやす》さんの気持ちにこたえようとする。その循環《じゅんかん》が、チームの強いささえになっていました。

✴目先にとらわれず前を向く

2月下旬《げじゅん》、2016年のJリーグの開幕《かいまく》です。

サンフレッチェはスタートダッシュに失敗しました。開幕《かいまく》からの3試合は、1敗2引き分けで勝ち星なし。森保《もりやす》さんが監督《かんとく》に就任《しゅうにん》してから、もっとも悪いスタートです。でも、森保《もりやす》さんにあせったようすは見られませんでした。いつもと同じように選手やチームスタッフと談笑し、次の試合に向けた準備《じゅんび》をします。シーズン序盤《じょばん》の出遅《でおく》れは不安ではないのでしょうか。

森保《もりやす》さんはおだやかな笑顔で、

「目の前の一試合のためにベストをつくすことしか考えないから」

と言いました。

終わった試合の結果に一《いっ》喜《き》一《いち》憂《ゆう》しない森保《もりやす》さんの態度《たいど》は、チーム全体にもよい影《えい》響《きょう》をあたえるようです。練習中も、選手たちは明るい笑顔を見せ、生き生きした雰《ふん》囲気《いき》があります。10年以上サンフレッチェでプレーしてきたベテランで、Jリーグの年間MVP《エムブイピー》に選ばれたこともある、チームの中心選手佐藤寿人《さとうひさと》選手は、

「森保監督《もりやすかんとく》は、目先の結果にあまりとらわれず、シーズンを通して大きい成果をだそうと言ってくれる。そこが本当に心強いです」

と言い、やはり落ち着いた表情《ひょうじょう》を見せました。

シーズンははじまったばかり。森保《もりやす》さんもチームも、しっかり前を向いています。

5月下旬《げじゅん》。サンフレッチェは、先シーズン最後まで優勝争《ゆうしょうあらそ》いをしたガンバ大阪《おおさか》と対戦しました。強敵《きょうてき》との試合に気合いが入りましたが、結果は3点をとられて完敗。この敗戦でサンフレッチェは、18チーム中8位となってしまいました。

気落ちする敗戦後のロッカールームで、森保《もりやす》さんは選手たちに語りかけます。

「向こうのほうがほんのちょっとだけ上回った。1点目をとられたときも、ほんのわずかの隙《すき》をつかれただけ。勝つことに対する執念《しゅうねん》が向こうのほうが上回っていた。ちょっとだけ。でもそのちょっとで結果が大きく変わってしまう。このくやしさを、絶対《ぜったい》にわすれないようにしよう。そして、次回ガンバと対戦するときには、このくやしさを晴らそう!」

選手たちも、森保《もりやす》さんも、この敗戦を胸《むね》にきざみこみました。

なかなか波に乗れない。なんとかしてこの流れを変えたい。

そこで森保《もりやす》さんは、次のアビスパ福岡《ふくおか》戦に、二部練《にぶれん》に熱心に取り組んできた宮吉《みやよし》拓実《たくみ》選手をはじめて起用することにしました。宮吉《みやよし》選手はサンフレッチェに移籍《いせき》し

アビスパ福岡《ふくおか》戦にのぞむサンフレッチェイレブン。

てきたばかりですが、10代の頃《ころ》から各年代の日本代表に選ばれてきた得点力のある若《わか》い選手。練習でも積極的にゴールをねらっていた姿勢《しせい》を評価《ひょうか》し、チームを目覚めさせる起爆剤《きばくざい》として抜《ばっ》擢《てき》したのです。

森保《もりやす》さんのこの選手起用が、ぴたりと当たりました。移籍《いせき》後リーグ初先発の宮吉《みやよし》選手が2点をあげる大活躍《だいかつやく》。チームになじんできたウタカ選手も点をとり、サンフレッチェは4対0で快《かい》勝《しょう》しました。

こつこつ努力を重ねた選手が、森保《もりやす》さんの期待にこたえて、チームに勢《いきお》いをあたえる貴重《きちょう》な勝利をもたらしたのです。歯車がかみ合ってきた手ごたえがありました。

6月上旬《じょうじゅん》。サンフレッチェは少しずつ調子を上げていました。順位も6位まで上がり、さらに勢《いきお》いに乗っていきたいところです。

しかし、そんな中で不調に悩《なや》む選手がいました。柏好文《かしわよしふみ》選手です。

柏《かしわ》選手はもともと別のチームに所属《しょぞく》していましたが、そのスピードとスタミナにほれこんだ森保《もりやす》さんが、直接交渉《ちょくせつこうしょう》して獲得《かくとく》した選手。昨シーズンは、森保《もりやす》さんの期待にこたえて大活躍《だいかつやく》しました。

柏《かしわ》選手のポジションは、ウイングバック。ウイングバックは、ピッチのサイドを走り、攻撃《こうげき》をしたり守備《しゅび》をしたり、両方の役割《やくわり》をこなすポジションです。

柏《かしわ》選手の長所は、攻撃《こうげき》にも守備《しゅび》にも積極的に参加するところです。相手にボールをうばわれたときは自分たちのゴール近くで体をはり、反対に攻撃《こうげき》のときには相手ゴール近くまで攻《せ》め上がり、90分間ピッチ全体をかけ回るタフな走りが柏《かしわ》選手の強力な武器《ぶき》。この走りでチームをささえ、レギュラーをつとめてきました。

ところが、森保《もりやす》さんは柏《かしわ》選手を前の試合でスタメンから外したのです。

原因《げんいん》は、武器《ぶき》である走りを封《ふう》じられてしまったことです。相手チームは前のシーズンで活躍《かつやく》した柏《かしわ》選手を止めるため、走るコースを徹底的《てっていてき》にふさぎました。そのため柏《かしわ》選手は、思うようにプレーできなくなってしまったのです。

本来の自分のプレーができずにスタメンから外された柏《かしわ》選手は、練習後、ひとり黙々《もくもく》とグラウンドを走ります。

そして、柏《かしわ》選手を外した監督《かんとく》である森保《もりやす》さんは、柏《かしわ》選手の姿《すがた》をじっと見つめていました。

■ サッカーのポジションの例

サッカーには大まかに、ゴール前にいるＧＫ《ゴールキーパー》、おもに守備《しゅび》を担当《たんとう》するＤＦ《ディフェンダー》、守備《しゅび》と攻撃《こうげき》をこなすＭＦ《ミッドフィルダー》、おもに攻撃《こうげき》を担当《たんとう》するＦＷ《フォワード》の４つのポジションがある。

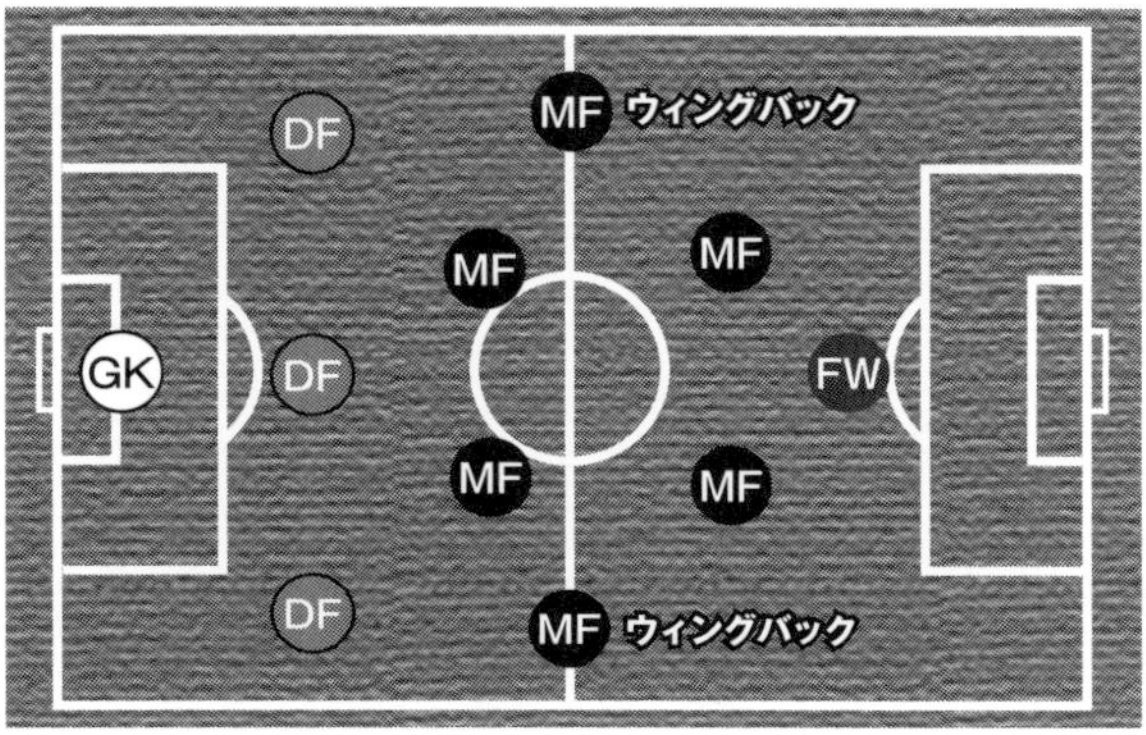

森保《もりやす》さんには、柏《かしわ》選手に伝えたいことがあります。それは、森保《もりやす》さん自身が苦しい経験《けいけん》によって胸《むね》にきざんだ信念でした。

✴ドーハの悲劇《ひげき》

「ドーハの悲劇《ひげき》」とよばれている試合があります。日本サッカーの歴史にのこる、衝撃的《しょうげきてき》な試合です。

1993年、日本代表チームは、ワールドカップ出場をかけて、中東カタールの首都ドーハでアジア最終予選を戦っていました。

サッカー世界一の国を決める大会、ワールドカップ。世界最大のスポーツイベントともいわれるこの大会に、当時日本は一度も出場したことがありませんでした。以前の日本では、サッカーはそれほど人気のあるスポーツではなく、ワールドカップのことも一般《いっぱん》にはあまり知られていないほどでした。

しかし1993年、プロリーグであるJリーグが開幕《かいまく》。それと同時に大ブームになり、社会現象《げんしょう》となりました。そのJリーグのスター選手たちが結集して、ワールドカップ出場のための予選を勝ち進んでいたのです。国内のサッカー熱はますますもり上がりました。そして、ワールドカップ出場まであと1勝となっただいじな最終戦が、ドーハでのイラク戦。日本では、深夜にもかかわらず、大勢《おおぜい》がテレビで観戦していました。

森保《もりやす》さんは代表選手に選ばれ、この試合に出場していました。

森保《もりやす》さんのポジションはミッドフィルダー。とくに守備《しゅび》を得意にしていて、相手のボールをうばって攻撃《こうげき》の芽をつむ、堅実《けんじつ》なプレーに定評《ていひょう》がありました。このイラク戦でも、森保《もりやす》さんはひたすら走って相手のボールをうばい続けていました。

試合は2対1で日本がリード。後半45分をすぎてロスタイムに入り、だれもが日本の勝利を確信《かくしん》していました。ついにワールドカップへ！

ところが、これがこの試合の最後のプレーになるだろうというイラクの攻撃《こうげき》で、悲劇《ひげき》がおきます。

イラク選手のヘディングシュートが、日本のゴールキーパーの頭の上を越《こ》え、ゴールに吸《す》いこまれたのです。

日本は土壇場《どたんば》で同点に追いつかれてしまいました。のこり時間はもうありません。間もなく、試合終了《しゅうりょう》のホイッスルが鳴りました。

引き分け。

日本選手はピッチにたおれこみました。あと一歩のところで、ワールドカップ初出場の夢《ゆめ》がくずれさったのです。森保《もりやす》さんも頭の中が真っ白で、まともにものを考えることができません。ただ、無念さだけがぽっかりと浮《う》かんでいました。

（どうしてワールドカップにでられないんだろう……）

日本に帰国してからも、大きな目標と栄光を一瞬《いっしゅん》で失ったショックからはかんたんに立ち直ることができませんでした。森保《もりやす》さんの心は折れてしまっていたのです。

でも、サッカーをやめることはできませんでした。

自分をつらぬけ

立ち直り、再《ふたた》びピッチに立つことを選んだ森保《もりやす》さん。その頃《ころ》のことをふりかえって、森保《もりやす》さんはこう話します。

写真：読売新聞社

試合終了《しゅうりょう》後、ぼう然とする日本代表の選手たち。

「サッカーでもほかのことでもそうだと思いますが、心が折れても、人生は続くんです。生き続けなければならない。それなら、自分にできることをやるしかない。自分をつらぬく。自然体で自分らしく。思いきって、腹《はら》をくくって、自分の長所を生かして、やっていくだけ。そう気づいたんです」

壁《かべ》につき当たっている柏《かしわ》選手に伝えたいのは、この思いでした。

ある日の練習中、森保《もりやす》さんは柏《かしわ》選手に声をかけ、しばらくふたりでプレーの改善《かいぜん》について話し合いました。その中で森保《もりやす》さんは、はじめて柏《かしわ》選手のプレーを見たときの印象をなつかしそうに話しました。

「まだ相手チームにいたときにさ、『よし、こいつもうへばったな』と思ったのに、そこからまた走られて『こいつ、まだ走れるのか！』って、びっくりしたんだよ」

森保《もりやす》さんは、柏《かしわ》選手に自分の強みを思い出すよう、伝えたのです。

自分のやり方をつらぬけ。

どんなにマークされても、しつこく走り続けろ！

柏《かしわ》選手（左）に声をかける森保《もりやす》さん（右）。

６月中旬《ちゅうじゅん》、ヴィッセル神戸《こうべ》戦で、森《もり》保《やす》さんは柏《かしわ》選手をスタメンに選びました。

柏《かしわ》選手は、前半から得意のドリブルで敵陣《てきじん》を突破《とっぱ》し、積極的に攻撃《こうげき》に参加します。本来の走りがもどっていました。きびしくマークされて、なんども転倒《てんとう》。ベンチの森保《もりやす》さんが心配そうに立ち上がります。

しかし、柏《かしわ》選手の走りは少しもおとろえません。そして、途中《とちゅう》交代することなく、試合終了《しゅうりょう》までの90分、距離《きょり》にして12キロ以上を力強く走り続けたのです。森保《もりやす》さんの期待にこたえたみごとな復活《ふっかつ》でした。

試合は1対1の引き分け。勝ち点1を獲得《かくとく》し、チームは5位に浮上《ふじょう》しました。

✴逆境《ぎゃっきょう》を率《ひき》いる

開幕《かいまく》から4か月が経過《けいか》して、サンフレッチェは18チーム中5位につけていました。悪い順位ではありません。しかし、チームの状態《じょうたい》はけっしてよくありませんでした。故障者《こしょうしゃ》があいついで数人の選手が入れかわり、チームの連携《れんけい》がみだれていたのです。森保《もりやす》さんはなんとかチームをまとめようと苦心していました。

不安をかかえながら、サンフレッチェは3位の浦和《うらわ》レッズとの試合にのぞみました。ここで勝てば、順位を上げて優勝争《ゆうしょうあらそ》いの一角にくいこむことができるだいじな試合です。

前半、サンフレッチェは1点とりますが、レッズの激《はげ》しい攻撃《こうげき》にあい2失点。その上前半終了間際《しゅうりょうまぎわ》、キャプテンであり攻撃《こうげき》と守備《しゅび》のかなめである青山敏弘《あおやまとしひろ》選手が、足を痛《いた》めて途中《とちゅう》交代せざるをえなくなります。チームに動揺《どうよう》が走りました。

この緊急事態《きんきゅうじたい》にチームをささえたのは、青山《あおやま》選手からキャプテンマークを託《たく》された塩谷司《しおたにつかさ》選手。塩谷《しおたに》選手はディフェンダーですが、攻撃《こうげき》も得意な選手です。積極的に攻撃《こうげき》に参加し、後半の19分にシュートを決めます。同点！　チームに勢《いきお》いがでます。たたみかけるようにその5分後にもう1点、また塩谷《しおたに》選手です。大歓声《だいかんせい》のスタンドに、塩谷《しおたに》選手が両腕《りょううで》を広げてこたえます。

4対2。アクシデントをはね返しての劇的《げきてき》な逆転《ぎゃくてん》勝利となりました。

この勝利でサンフレッチェは4位に浮上《ふじょう》。しかし、森保《もりやす》さんは楽観していませんでした。試合後の記者会見で感想を聞かれた森保《もりやす》さんは、めずらしく険《けわ》しい表情《ひょうじょう》でこたえました。

「すでに故障者《こしょうしゃ》が数人いますし、今日の試合で青山《あおやま》もけがをしました。これからきびしい戦いになると思います」

そして、この森保《もりやす》さんの予想は的中するのです。

7月に入って、サンフレッチェの鉄壁《てっぺき》の守備《しゅび》に問題がではじめました。連携《れんけい》のミスが重なり、3試合で9失点。これは森保《もりやす》さんが監督《かんとく》に就任《しゅうにん》してから、最悪の失点数です。

追い打ちをかけるように、チームから離脱者《りだつしゃ》がでます。今シーズン、フル出場中で、6月のレッズ戦でも大活躍《だいかつやく》した塩谷《しおたに》選手が、オリンピック出場のため大会期間中チームをはなれなければならないのです。

チームは最大の逆境《ぎゃっきょう》をむかえました。

しかし森保《もりやす》さんは、この危機《きき》を乗りきるための秘策《ひさく》を用意していました。

「いいよ、航平《こうへい》。そうそう！」

練習中の森保《もりやす》さんが熱心に声をかけているのは、清水航平《しみずこうへい》選手。清水《しみず》選手はもともと攻撃《こうげき》の得意な選手ですが、スピードと強いバネがあり、ディフェンダーとしての能力《のうりょく》も十分もち合わせています。森保《もりやす》さんは、塩谷《しおたに》選手がぬけてもろくなる守備《しゅび》を、清水《しみず》選手をディフェンスに回すことで補強《ほきょう》しようと考えているのです。

「ついて行け、航平《こうへい》。最初がだいじ。おいて行かれないように」

「そうそう、思いきってスピード上げて行け！」

大胆《だいたん》なポジション変更《へんこう》だけでなく、森保《もりやす》さんは、チーム全体の組織力《そしきりょく》をさらに強めることでこの危機《きき》を乗りきろうとしています。

「切りかえて、守備《しゅび》！　すぐもどって。かんたんに走らせるな！」

「ボールが動いているのに、じっとしていたらだめだ」

「その次の動きだよ、すぐにもどって！」

選手たちは、さまざまな場面からすばやく守備《しゅび》にもどる練習をくり返します。

「さあ、行こう！」

森保《もりやす》さんが大きな声で選手をはげまします。

森保《もりやす》さんには、チーム状態《じょうたい》がきびしいこのときに、選手たちに伝えたいことがありました。それは、「自分をつらぬく」というあの信念です。

逆境《ぎゃっきょう》でこそ、基本《きほん》に立ちもどれ

7月下旬《げじゅん》。サンフレッチェは、自分たちの全員サッカーの真価《しんか》をためす大切な一戦をむかえました。

対戦相手は、2か月前に完敗してくやしい思いをさせられた、あのガンバ大阪《おおさか》。主力選手を欠き、不安をかかえるサンフレッチェは、勝利への執念《しゅうねん》でガンバを上回れるでしょうか。自分たちの全員サッカーをつらぬきとおせるでしょうか。

チームの目標は失点ゼロ。徹底的《てっていてき》に全員で守ることです。状況《じょうきょう》が悪いときにこそ、自分たちのやり方をつらぬくこと。自分たちの姿勢《しせい》をしっかり見せること。

それはいってみれば、ふだんからの生き方、サッカーとの向き合い方そのものが最強の戦術《せんじゅつ》になるということでもありました。

一人ひとりの地道な努力と、それを結集した全員での組織《そしき》サッカー。森保《もりやす》さんは、その基本《きほん》を武器《ぶき》に、この逆境《ぎゃっきょう》に挑《いど》もうと考えていたのです。

全員で攻《せ》め、全員で守る

選手はみんなわかってくれていると、森保《もりやす》さんは信じています。

試合開始のホイッスルが鳴りました。

©Jリーグ

相手チームの本拠地《ほんきょち》でむかえたガンバ大阪《おおさか》戦。

前半は、サンフレッチェのペースで試合が進みました。全員が連携《れんけい》して、攻撃《こうげき》と守備《しゅび》をすばやく切りかえる、サンフレッチェらしいサッカーです。

タックルを受けてたおされた柏《かしわ》選手は、すばやくおき上がると全力で守備《しゅび》に走っていきます。

宮吉《みやよし》選手がはなったするどいシュートは、おしくもクロスバーに当たってはね返ってしまいました。ゴール前でウタカ選手のパスがきれいにとおり、チャンスをつくります。

ディフェンスに起用された清水《しみず》選手の

プレーも光っていました。ゴール近くにせまってきた相手からボールをうばうと、もち前のスピードを生かして相手ゴール前までボールを運んでいき一気に逆襲《ぎゃくしゅう》。チャンスをつくります。森保《もりやす》さんの注文どおりのプレーでした。

前半は両チーム得点なし。チームの目標である無失点は守られています。

しかし、後半7分。ガンバに先制点《せんせいてん》をゆるしました。パスがふたりの選手に当たって思いも寄《よ》らないところに転がり、ガンバはそのチャンスをのがさず得点につなげたのです。

サンフレッチェにとっては運の悪い失点でした。

森保《もりやす》さんが立ち上がりました。審判《しんぱん》に選手の交代を告げます。ベンチからあらわれたのは、けがから復帰《ふっき》したばかりのキャプテン、青山《あおやま》選手。サポーターが大きな声援《せいえん》で青山《あおやま》選手をむかえます。

青山《あおやま》選手を中心に、サンフレッチェの選手は全員で走り続けました。ピンチには全員で守り、うばったボールは全員で前線へ。足を止める選手はいません。たおされてもたおされても立ち上がります。それでも点は入りません。時間がすぎていきます。

のこり15分で、森保《もりやす》さんが再《ふたた》びメンバーチェンジを決断《けつだん》。攻撃《こうげき》の切り札、ベテランの佐藤寿人《さとうひさと》選手を投入します。

攻撃《こうげき》に勢《いきお》いが加わりました。サンフレッチェは次々《つぎつぎ》にガンバゴールにシュートをはなちますが、なかなか枠《わく》の中に入りません。

森保《もりやす》さんはもう立ち上がったままです。手をたたいて選手をはげまします。森保《もりやす》さんの声は、スタンドの大声援《だいせいえん》にかき消されてしまっています。でもきっと、選手たちには届《とど》いているはずです。

「だいじょうぶ、だいじょうぶ。さあ、行こう！」

その声を受けて、選手たちはひたすらボールを追い続けました。

しかし、サンフレッチェ無得点のまま、試合終了《しゅうりょう》のホイッスル。

サンフレッチェは勝つことができませんでした。整列した選手たちの顔には、くやしさがいっぱいです。

でも、森保《もりやす》さんの表情《ひょうじょう》は晴れやかでした。

サンフレッチェらしいサッカーをチームがつらぬいた。

大きな結果を見すえる森保《もりやす》さんには、この一試合の勝敗より、それが何よりも大きな意味をもつことでした。

自分をつらぬくことでしかたどりつけない場所があるということを、森保《もりやす》さんは知っているからです。

※森保一《もりやすはじめ》さんは、2017年7月にサンフレッチェ広島《ひろしま》の監督《かんとく》を退任《たいにん》し、同年10月、2020年東京《とうきょう》オリンピックサッカー男子日本代表監督《かんとく》に就任《しゅうにん》しました。

ぶれない信念が、勝利をつかむ

森保一《もりやすはじめ》

プロフェッショナルとは

逆境《ぎゃっきょう》に立たされたり、
自分の思いどおりにいかなかったり
するときにも、基本《きほん》に忠実《ちゅうじつ》に、
地道にやり続けられる人。

第３０２回２０１６年８月29日放送

こんなところがプロフェッショナル！

名将《めいしょう》、森保一《もりやすはじめ》さん。監督《かんとく》として、選手と話すときのぶれないこだわりがあります。どんなこだわりかな？

必要と思えば、いつでもどこでも話す

森保《もりやす》さんは選手に伝えたいことがあるとき、いつでもどこでも「ここだ！」と思ったタイミングで話しかけます。おたがいの話が心にすっと入っていくタイミングを見きわめて話すのです。

©サンフレッチェ広島

声をかけるときは質問《しつもん》から

森保《もりやす》さんは、話の切りだし方にもくふうをしています。自分の意見を選手に伝えるとき、まずは相手の意見を聞きます。人それぞれ感じ方や考えがちがうから、一方的にならないよう聞いてあげたいと思っているのです。

話の最後は必ず笑顔で！

下を向いたまま終わるのは、次へのいいエネルギーにはならないと森保《もりやす》さんは考えます。いいイメージをもって次に進めるように、話の最後は笑顔で終わるよう心がけています。

プロフェッショナルの格《かく》言《げん》

どんなときも信念をつらぬく、森保一《もりやすはじめ》さんのことばを心にきざもう。

逆境《ぎゃっきょう》でこそ、自分の基本《きほん》に立ちもどれ

逆境《ぎゃっきょう》でこそ、自分自身が実力をだせるときだという森保《もりやす》さん。苦しいとき、状況《じょうきょう》が悪くなったとき、そこをたえて、いかにふだんどおりのことができるかが大切なのです。

心があることをわすれないようにしている

「選手はロボットじゃない。試合にでるために、一生懸命《いっしょうけんめい》努力をし続けてくれている。そこには心がある」。森保《もりやす》さんはいつも、そのことをわすれないようにしています。

心が折れても人生はつながっていく

心が折れることはいっぱいある。でも人生は続くから、やり続けなければいけない。結局は自分なりの生き方をつらぬくしかない。これが森保《もりやす》さんの原点です。

盤《ばん》上《じょう》の宇《う》宙《ちゅう》、独《どく》創《そう》の一手

囲《い》碁《ご》棋《き》士《し》

井《い》山《やま》裕《ゆう》太《た》

白と黒の石で陣地《じんち》をうばい合う囲碁《いご》。
戦法は無限《むげん》にあり、「盤上《ばんじょう》の宇宙《うちゅう》」ともいわれる頭脳戦《ずのうせん》である。
この囲碁棋士《いごきし》として注目をあびる若者《わかもの》がいる。
12歳《さい》でプロデビューし、20歳《さい》で史上最年少の名人位に輝《かがや》いた。
だれもがおどろく独創的《どくそうてき》な碁《ご》で相手を圧倒《あっとう》し、
24歳《さい》で7つのタイトルのうち6つを獲得《かくとく》、
囲碁界《いごかい》のスターへとかけのぼった。
それでもつきまとう迷《まよ》い。
「これは正しい手なのか?」
彼《かれ》は、自分を信じきって戦えるのか。
日本代表として世界の強敵《きょうてき》に挑《いど》む
魂《たましい》をこめた一手一手を追う。

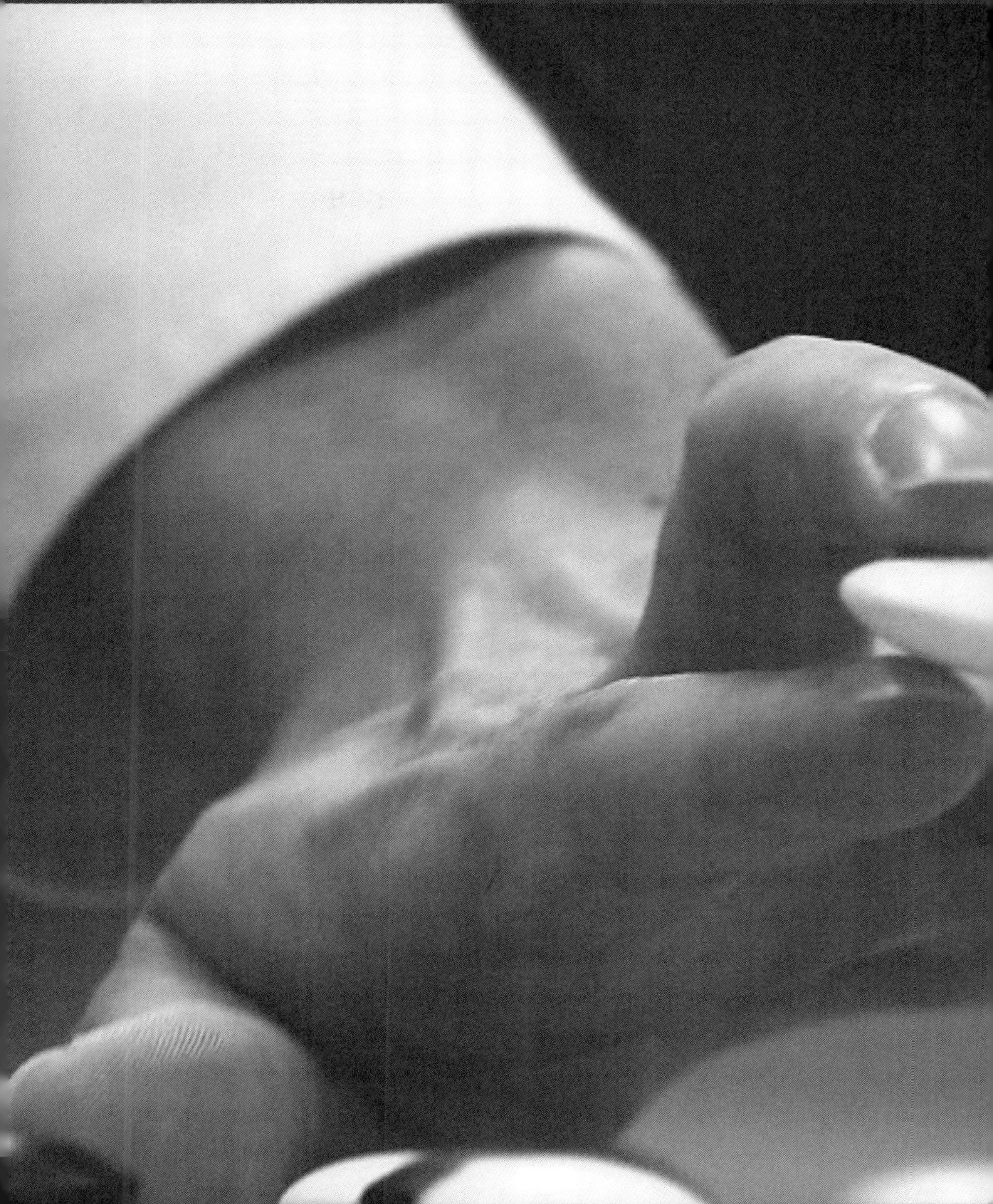

✴囲碁棋士《いごきし》という生き方

囲碁《いご》の対局がはじまる前の、対局室。

ひざをそろえて正座《せいざ》をし、白い布《ぬの》でていねいにゆっくりと碁盤《ごばん》をみがいている若《わか》者《もの》がいます。

静かな表情《ひょうじょう》のその人は、囲碁棋士《いごきし》、井山裕太《いやまゆうた》さん。これからこの碁盤《ごばん》で勝負にのぞみます。

対局の前に碁盤《ごばん》をみがくのは、棋士《きし》にとってだいじな儀式《ぎしき》。井山《いやま》さんもこうして碁盤《ごばん》と向き合いながら気持ちを集中させていくのです。

対戦相手が入ってきました。向かい合って座《すわ》り、しばらく静かな時間が流れ、おたがいの緊張《きんちょう》が高まっていきます。

先に石を打つのは井山《いやま》さん。ぴしりという澄《す》みきった音をひびかせて、碁盤《ごばん》の上に最初の石を打ちました。

長い戦いのはじまりです。

盤上《ばんじょう》の宇宙《うちゅう》、独創《どくそう》の一手

井山裕太《いやまゆうた》

盤《ばん》上《じょう》の宇宙《うちゅう》の星

囲碁《いご》は陣取《じんと》りゲームです。

ふたりでおこない、ひとりは黒い石を、もうひとりは白い石をつかいます。

囲碁《いご》の盤《ばん》の上には、格子状《こうしじょう》に線がひかれています。縦《たて》19本、横19本。縦横《じゅうおう》の線がまじわるところに、黒、白の順で石を交互《こうご》に打っていきます。

碁盤《ごばん》を広い土地だとします。そして、石は「ここからは自分の陣地《じんち》だ」としめす目印。自分の石で囲った場所が自分の陣地《じんち》になり、この陣地《じんち》のことを「地《じ》」といいます。より多くの地を獲得《かくとく》したほうが勝ちです。多くの地を得られるように、また相手の地をへらせるように、石を打っていきます。

碁盤《ごばん》の上に石を打てる場所は３６１か所。その戦法や戦術《せんじゅつ》は無限《むげん》にあります。

囲碁《いご》はとても古いゲームです。

どこではじまったかもはっきりしませんが、４０００年以上前の中国ですでにおこなわれていたようです。

■ 囲碁《いご》ってどんなゲーム？

囲碁《いご》は、黒と白の碁石《ごいし》を交互《こうご》に盤《ばん》に打ち、碁石《ごいし》で囲った面積の大きさを競うゲームです。相手を妨害《ぼうがい》しながら「地《じ》」とよばれる陣地《じんち》を増《ふ》やしていき、最後に陣地《じんち》の広かったほうが勝ちです。

■ 囲碁《いご》のルール

1. 黒→白の順に交互《こうご》に石を打つ。
2. 縦《たて》の線と横の線の交差しているところに石を打つ。
右の図は、❶→②→❸→④の順に打ったところ。

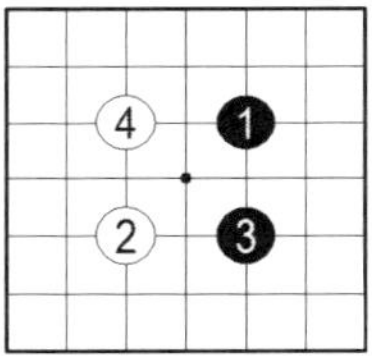

3. 陣地《じんち》の境界線《きょうかいせん》が決まると終了《しゅうりょう》（終局）。

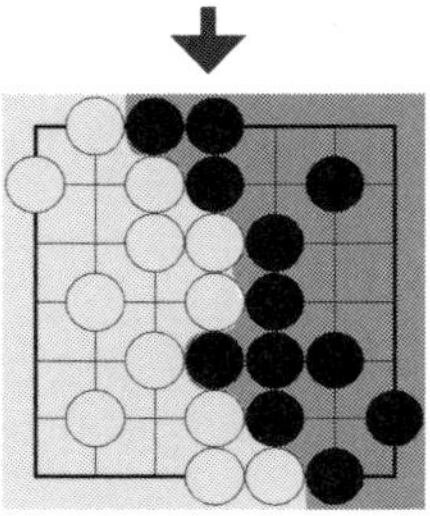

4. 石は逃《に》げ道をなくすと(囲むと)とれる。
右の図は白①を打ったことで黒石△の逃《に》げ道をなくしているので白は黒石をとれる。

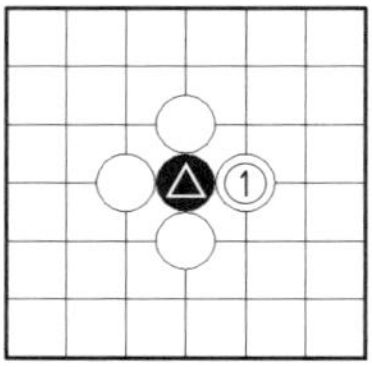

5. 石の逃《に》げ道がないところ「着手禁止《きんし》点」は打てない。右の図の●は着手禁止《きんし》点。

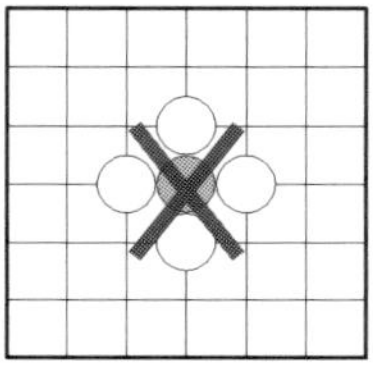

日本へ伝わったのは、1500年ほど前と考えられています。現在《げんざい》では中国や韓《かん》国《こく》、日本といった東アジアでとくにさかんですが、世界中に囲碁《いご》を打つ人がいます。

日本には、井山《いやま》さんのような囲碁《いご》を職業《しょくぎょう》とする棋士《きし》がいます。日本で囲碁棋士《いごきし》になるためには、プロ団《だん》戦の養成機関による採用《さいよう》試験（対局）を受けて、一定の成績《せいせき》をおさめなければなりません。プロになれるのは1年に数人。難関《なんかん》です。難関《なんかん》を突破《とっぱ》して棋士《きし》となっても、プロの世界は楽ではありません。対局料が収入《しゅうにゅう》源《げん》となる囲碁棋士《いごきし》は、トーナメントにでて勝ち続けなければ、収入《しゅうにゅう》がとだえてしまいます。また、トップ棋士《きし》になると、2日かけて15時間以上も対局が続くことがあります。その間、緊張《きんちょう》と集中を保《たも》てるだけの強い心と体が求められます。

囲碁棋士《いごきし》は、囲碁《いご》の大会に出場して優勝《ゆうしょう》することを目標にしています。とくに重要なのが、七大《しちだい》タイトル戦とよばれるものです。棋聖《きせい》戦、名人《めいじん》戦、本因坊《ほんいんぼう》戦、王座《おうざ》戦、天元《てんげん》戦、碁聖《ごせい》戦、十段《じゅうだん》戦。井山《いやま》さんは、2009年、20歳《さい》の若《わか》さでこのタイトル戦のひとつ、名人《めいじん》戦で優勝《ゆうしょう》しました。そして、その4年後の2013年には、7つのうち6つのタイトル戦で優勝《ゆうしょう》して六冠《かん》を達成。同時に6つのタイトルの保持者《ほじしゃ》

■ 七大《しちだい》タイトル戦

国内でおこなわれている主要な囲碁《いご》のタイトル戦

棋聖《きせい》戦	名人《めいじん》戦	本因坊《ほんいんぼう》戦	王座《おうざ》戦	天元《てんげん》戦	碁聖《ごせい》戦	十段《じゅうだん》戦
1977年にスタート 読売《よみうり》新聞社主催《しゅさい》	1976年にスタート 朝日《あさひ》新聞社主催《しゅさい》	1940年にスタート 毎日《まいにち》新聞社主催《しゅさい》	1953年にスタート 日本経済《けいざい》新聞社主催《しゅさい》	1975年にスタート 新聞三社連合主催《しゅさい》	1976年にスタート 新聞囲碁連盟《いごれんめい》主催《しゅさい》	1961年にスタート 産経《さんけい》新聞社主催《しゅさい》

になったのは、日本の囲碁《いご》の世界で井山《いやま》さんがはじめてで、新聞の号外が出るほどの快挙《かいきょ》でした。これによって、井山《いやま》さんの名前は囲碁界《いごかい》の星として、日本中に広く知られるようになったのです。

はなやかな実績《じっせき》とは対照的に、井山《いやま》さんの毎日は囲碁《いご》中心の地道なものです。1年の半分は、各地でおこなわれる対局に出向いています。自宅《じたく》にいるときも、碁盤《ごばん》に向かって、対局をふりかえって分析《ぶんせき》したり、新しい打ち方を考えたり、研究をおこたりません。

黒と白の石を並《なら》べて陣地《じんち》を取り合う。囲碁《いご》はシンプルな勝負です。しかし、その石の打ち方は無数にあり、囲碁棋士《いごきし》は、ひとつの石を打つのに千通りの可能性《かのうせい》を考えるとまでいわれます。

囲碁《いご》は、無限《むげん》の可能性《かのうせい》を秘《ひ》めた盤上《ばんじょう》の宇宙《うちゅう》。
井山《いやま》さんは、その無限《むげん》を追求し続けているのです。

✴名人戦《めいじんせん》

2013年。井山《いやま》さんは名人戦《めいじんせん》を戦っていました。碁盤《ごばん》をはさんで向かい合っている対戦相手は、前年の名人《めいじん》タイトル保持者《ほじしゃ》で、11歳《さい》年上の山下敬吾《やましたけいご》さん。平成の名棋士《きし》のひとりといわれる実力者です。名人戦は先に4勝したほうが勝ちで、この対局が1勝1敗でむかえた3局目にあたります。過去《かこ》の対戦成績《せいせき》はほぼ互角《ごかく》。おたがい、一瞬《いっしゅん》の油断《ゆだん》が命取りになります。

対局中盤《ちゅうばん》。山下《やました》さんの白石は、盤《ばん》の4か所に陣地《じんち》を確保《かくほ》しかけていました。井山《いやま》さんの黒石も、だいたい同じくらいの面積を押《お》さえています。このタイミングで井《い》山《やま》さんが思いきった手を打ちました。

山下《やました》さんが、白石で囲みつつあったエリアに黒石をひとつ打ちこんだのです。

不意をつかれた山下《やました》さんが、思わず、

「うーん……」

とうなりました。

別室で観戦していた棋士《きし》たちもどよめきます。

「失敗するリスクもあるし、井山《いやま》さんとしてもこわいはずの手。これで負けになる可能性《かのうせい》もある」

「井山《いやま》さんらしさが出ている手だと思うけどね。これは井山《いやま》さんの気持ちだよね。気持ちで打ってる」

いろいろな感想や分析《ぶんせき》が飛びかいます。

多くの棋士《きし》が予想したのは、井山《いやま》さんが自分の陣地《じんち》にしかけていた盤《ばん》のすみをかためるための守りの手を打つことでした。盤《ばん》のすみは、効率《こうりつ》よく地を得ることができる大切な場所だからです。

ところが井山《いやま》さんが選んだのは、そのすみの守りを捨《す》てて山下《やました》さんの地を荒《あ》らす攻撃《こうげき》の手。

ベテラン棋士《きし》たちをうならせるこの大胆《だいたん》さこそが、井山《いやま》さんの囲碁《いご》なのです。

独創《どくそう》の碁《ご》

井山《いやま》さんが理想としているのは、自分にしか打てない囲碁《いご》です。井山《いやま》さんは、人まねをしていたら勝てない、と話します。

「だから、常識《じょうしき》ではここに打つとわかっていても、自分はそうじゃないところに打ちたいと思ったら迷《まよ》いません。自分の打ちたいところに打ちます」

経験《けいけん》を積んだ棋士《きし》同士では、手を読む力はほとんど差がありません。その中で井《い》山《やま》さんは、直感で打ちたいと感じた手をとても大切にします。そして、予想をうらぎる、常識《じょうしき》外れにも見える一手から、新しい展開《てんかい》を生みだしてきたのです。

思いがけない攻撃《こうげき》を受けて一瞬《いっしゅん》ひるんだ山下《やました》さんも、すぐさま反撃《はんげき》を開始しました。井山《いやま》さんが打ちこんだ黒石をとり除《のぞ》こうと、白石がおそいかかってきます。

井山《いやま》さんは、上を向いて何か口の中でつぶやきました。痛《いた》いところをつかれたようです。

しかし、たくみに黒石をつないで切りぬけます。せりあいの末、井山《いやま》さんは山下《やました》さんの白の陣地《じんち》をけずり、自分の陣地《じんち》をつくるための足がかりをつくることに成功しました。

勝負は井山《いやま》さん有利に傾《かたむ》きました。それでも、井山《いやま》さんの積極的な打ち手は止まりません。次々《つぎつぎ》に大胆《だいたん》な手を打ちます。リスクをおそれず思いきったところへ切りこんでいきます。

対応《たいおう》しきれなくなった山下《やました》さんがうなだれました。

対局開始から2日がかりの17時間半。

井山《いやま》さんは、山下《やました》さんを押《お》しきって名人戦第三局に勝ちました。これで井山《いやま》さんは2勝1敗です。

名人戦《めいじんせん》第五局をむかえました。第三局に続いて第四局に勝利した井山《いやま》さんが3勝1敗でリードしています。この対局に勝てば、井山《いやま》さんは名人位を獲得《かくとく》できるのです。序盤《じょばん》から激《はげ》しいかけひきがくり返され、夜に入って打《う》ち掛《か》け（中断《ちゅうだん》すること）。翌《よく》朝再開《あささいかい》されても、ほとんど差のつかない互角《ごかく》の戦いが続きます。

井山《いやま》さんの黒石が盤《ばん》の片側《かたがわ》の一帯を押《お》さえていますが、山下《やました》さんの白石も中央の広いエリアをゆるやかに押《お》さえていました。

打ち手がちょうど100手を超《こ》えたとき、勝負の山場がやってきました。

井山《いやま》さんが自分の地にしかけていたすみのエリアがピンチです。ここに白石を打たれれば、すみは山下《やました》さんの地になってしまいます。でも、井山《いやま》さんがすみを守る石を打てば、山下《やました》さんは中央の広い地を確保《かくほ》するための手を自由に打てま

勝負の中盤《ちゅうばん》、一手に悩《なや》む井山《いやま》さん。

す。盤《ばん》の上に乗りだすようにして、なんども首をひねって考えこむ井山《いやま》さん。

別室で観戦していた棋士《きし》たちの意見は、

「井山《いやま》さんは、面積のせまいすみを捨《す》てて、広い中央を切りくずすべきだ」

ということで一致《いっち》しました。井山《いやま》さんの手を見守ります。

1分近く悩《なや》んだ井山《いやま》さんが、ゆっくりと石を打ちました。それは、すみを守るまさかの手。対戦相手の山下《やました》さんが座《すわ》り直します。

別室の棋士《きし》たちも、予想外の手に
「信じられないですね。井山《いやま》さんじゃなければ打ちませんよ」

と、おどろいています。

対局は続きます。

山下《やました》さんは、すかさず中央の白の地を守る石を打ちました。いやだな、という表情《ひょうじょう》を見せたあと、井山《いやま》さんは気をとり直したように、白石でほぼ押《お》さえられた中央のエリアをじっと見つめます。まだ、この中央のエリアをあきらめてはいないのです。井山《いやま》さんには、手遅《ておく》れではないという直感がありました。

（足がかりはなくても、切りくずせる）

中央のエリアに黒石を打ちます。そして、また一石。

井山《いやま》さんはするどい目で盤上《ばんじょう》をにらみ、どんどん切りこんでいきます。

安全は、最善《さいぜん》の策《さく》ではない

井山《いやま》さんには、「安全な手」に対する独自《どくじ》の考え方がありました。

（「安全な手」は、もっともよい手より少し悪い九十点の手。その足りない十点のために、勝敗ががらりと入れかわってしまうことがある。「安全な手」は、本当は「安全」ではないのではないか？）

安全は最善《さいぜん》の策《さく》とはかぎらない。そう考える井山《いやま》さんは、ときとして、安全より最善《さいぜん》と感じた危険《きけん》な手を選ぶのです。

井山《いやま》さんの強気の石が、じょじょに中央の白地の中に黒石の足がかりをつくりはじめます。なんとかくいとめようとする山下《やました》さん。黒地を広げようとする井山《いやま》さん。深い探《さぐ》り合いに長い時間をつかう、息づまる戦いになりました。

やがて、山下《やました》さんが、盤上《ばんじょう》を見つめながら、だれに言うともなく、

「ひどくなってしまいましたね……」

とつぶやきました。中央のエリアは白の地が大きくけずられ、井山《いやま》さんの黒の地がしっかり形成されていました。

夜8時すぎ。

18時間におよぶ長い戦いを制《せい》して、井山《いやま》さんが名人の座《ざ》を獲得《かくとく》しました。対局室に記者たちが入っていき、写真の撮影《さつえい》がはじまります。

「とりあえず、終わってほっとしました」

と話して笑顔を見せる井山《いやま》さんでしたが、長時間の緊張《きんちょう》と集中のつかれはかくせません。大きく息をついてホテルの部屋に引きあげていきました。

大きな危険《きけん》をおかしてでも、最善《さいぜん》の手を打ち続ける。井山《いやま》さんは、日々《ひび》、ぎりぎりの戦いをしているのです。

＊ ＊ ＊

盤上《ばんじょう》の宇宙《うちゅう》、独創《どくそう》の一手

井山裕太《いやまゆうた》

各地での対局の合間、地元にもどった井山《いやま》さんが必ず出かけていくところがあります。若手棋士《わかてきし》たちと開いている研究会です。10代、20代の棋士《きし》だけで、なごやかな雰囲気《ふんいき》の中、自由に意見をぶつけ合います。格下《かくした》の棋士《きし》であっても、そのみずみずしい感性《かんせい》は参考になり、井山《いやま》さんには貴重《きちょう》な勉強の場です。

今日も碁盤《ごばん》を囲み、みんなで課題を検討《けんとう》しています。井山《いやま》さんが自分の考えた手を提案《ていあん》すると、仲間がからかいました。

「まいった、やばい、天才」

ひやかされた井山《いやま》さんは、

「うるさい」

と笑います。

「ここは、下があれやから、何もないから、やっぱり打ちにくいんかな」

碁盤《ごばん》の上の石を、何通りにも打ち直しながら、リラックスして自然に大阪《おおさか》のことばがでてきました。

こうしてわいわいするのが楽しいということも、ここに来る理由のひとつだと井《い》

小学生と対局する井山《いやま》さん。どんなにいそがしくても必ず顔をだす。

山《やま》さんは言います。

「実際《じっさい》の勝負は孤独《こどく》な戦いなので、いい気分転換《てんかん》になっているのかな」

さらに、この研究会には小学生もいます。小さな子どもは、おとなではいろいろ考えて打てないような手を思いきりよく打ってくる、と言う井山《いやま》さん。小学生も井山《いやま》さんに刺激《しげき》をくれる大切な仲間です。

小学生の女の子と井山《いやま》さんの対局がはじまりました。ぴんと背《せ》すじをのばした女の子の迷《まよ》いなく打った一手が、予想外のものだったのでしょうか、井山《いやま》さんは頭をかかえてしまいました。

勉強と息ぬきの両方をかねた大切な時間

です。

✷自分という壁《かべ》

日頃《ひごろ》の研究や分析《ぶんせき》、仲間との研究会などのほかに、井山《いやま》さんには囲碁《いご》の勉強のために取り組んでいることがあります。

日本棋院《きいん》の囲碁殿堂資料館《いごでんどうしりょうかん》に保管《ほかん》されている、過去《かこ》の名棋士《めいきし》たちの棋譜《きふ》を調べているのです。棋譜《きふ》は、囲碁《いご》の勝負の経緯《けいい》を記した記録。野球やテニスなどのスコアのようなものです。

井山《いやま》さんは、うすい和紙をとじて冊子《さっし》にした、手書きの古い棋譜《きふ》の表紙を慎重《しんちょう》に開きます。江戸《えど》時代、無敵《むてき》の名棋士《めいきし》といわれた本因坊道策《ほんいんぼうどうさく》の棋譜《きふ》。貴重《きちょう》な歴史資料《しりょう》です。そっとページをめくって、ていねいに読んでいきます。

やがて井山《いやま》さんは、棋譜《きふ》を見ながらそこに書き記されているとおりに碁盤《ごばん》にひとつずつ石を並《なら》べはじめました。よみがえる、300年以上前の名棋士《めいきし》の碁《ご》。そこには、井山《いやま》さんが求めているものがありました。

（やっぱり強い人は、自分のスタイルをもっている。自分にしかできないこと、だれにも負けない絶対《ぜったい》の自信をもっている打ち方。それは、いつの時代にでも大切なはずだ）

よい手を思いつくだけではだめだと、井山《いやま》さんは考えています。

どんな手であっても自信をもって打ちきること。

たったひとりの戦いで、最後まで自分を信じぬくこと。

それは、けっしてかんたんなことではありませんでした。

井山《いやま》さんが囲碁《いご》をはじめたのは、5歳《さい》のときでした。お父さんが自分用に買ってきた囲碁《いご》のテレビゲームを借りて遊びはじめたのがきっかけです。

コンピューターと対戦するうちに、たちまち強くなった井山《いやま》さん。お父さんはすぐにかなわなくなってしまいました。

翌年《よくねん》、おとなにまじってテレビの囲碁選手権《いごせんしゅけん》に出場すると、幼稚園《ようちえん》生の井山《いやま》さんはベテランを相手に5人ぬきの大活躍《だいかつやく》。これがきっかけで、この番組で解説《かいせつ》をつとめていた石井邦生《いしいくにお》さん（プロ棋士《きし》九段《だん》）に、弟子入りすることになります。

しかし、井山《いやま》さんはまだ6歳《さい》。石井《いしい》さんは、電車でかよって囲碁《いご》の勉強をすることで、井山《いやま》さんがつかれてしまうと心配しました。そこで、当時普及《ふきゅう》しはじめたばかりのインターネットをつかって、井山《いやま》さんの指導《しどう》をすることにしました。顔を合わせずに弟子を教えるというのは異例《いれい》の指導法《しどうほう》でした。

石井《いしい》さんは、小さな井山《いやま》さんに細かい技術《ぎじゅつ》は教えず、ひとつのことを言い続けました。

「元気いっぱいに打ちなさい」

師匠《ししょう》である自分の個性《こせい》や方法を押《お》しつけるのではなく、井山《いやま》さんの自由な囲碁《いご》をだいじに育てたのです。

この石井《いしい》さんの指導《しどう》の下《もと》、井山《いやま》さんはみるみる上達していきます。8歳《さい》で小学生名人。12歳《さい》でプロデビュー。16歳《さい》のときには、プロ棋戦《きせん》で最年少優勝《ゆうしょう》をはたし七段《だん》に昇格《しょうかく》。あっというまにトップ棋士《きし》の仲間入りをはたしました。

しかし、その頃《ころ》、順調そのものだった道のりに、はじめて壁《かべ》が立ちふさがります。だんだん思うように勝てなくなってきたのです。

トップ棋士《きし》との対戦では、肝心《かんじん》なところで慎重《しんちょう》になり、思いきった手が打てません。負けたくないという気持ちが強くなるほど自分の持ち味がだせなくなり、だいじな対局で逆転《ぎゃくてん》負《ま》けが続きました。

どこにもぶつけることのできないくやしさ。もやもやしたものが消えません。負けた対局のあと、家に帰る気にもなれず、駅のホームのいすに座《すわ》ってぼんやりすることもありました。

なんとかして壁《かべ》を乗りこえようといろいろなことをためしました。読みの正確《せいかく》さを高めるために詰碁《つめご》という囲碁《いご》の練習問題をひたすら解《と》いてみたり、長時間の対局にたえられる体力をつけるために坂道でランニングをしたり。まだ10代だった井山《いやま》さんは、必死でもがいていました。

自分を信じぬく力

盤上《ばんじょう》の宇宙《うちゅう》、独創《どくそう》の一手

井山裕太《いやまゆうた》

長い試行錯誤《さくご》が続いていた19歳《さい》のとき、井山《いやま》さんは、予選と挑戦者《ちょうせんしゃ》を決めるリーグ戦を勝ちぬいて、はじめて名人に挑戦《ちょうせん》することになりました。

対戦相手は、台湾《たいわん》出身の張栩《ちょうう》さん。井山《いやま》さんが目標にしてきた最強の棋士《きし》です。井山《いやま》さんは、2連勝でよいスタートを切りました。ところが、勝つにつれて、言いようのない苦しさを感じるようになります。

負けていても、張《ちょう》さんは平然と打ち進めてくるのです。あせりも不安も見せないするどい視線《しせん》。碁盤《ごばん》をはさんだ45センチ先から伝わってくる、こちらをためしているような独特《どくとく》の空気。そのときの圧倒《あっとう》されるような感覚を、井山《いやま》さんはいまもわすれられないと言います。

「張《ちょう》さんの打つ手からは自信のようなものがひしひしと伝わってきました。張《ちょう》さんに打たれると、それが正しいのかな、と思ってしまった」

どこに打っても自分の手がまちがっているような錯覚《さっかく》にとらわれました。それを最後までふりはらえず、井山《いやま》さんは続く対局で連敗し、結局、3勝4敗の逆転《ぎゃくてん》負《ま》けをしました。

最終戦の対局後、ひかえ室にもどった井山《いやま》さんは、プロになってからはじめて泣きました。負けたことよりも、自分を信じて打ちきれなかったことがくやしくてたまりませんでした。

井山《いやま》さんは、この敗戦ではっきりと気づいたのです。

(自分に欠けているのは、自分を信じぬく力だ)

このくやしさを心にきざみつけた井山《いやま》さんの碁《ご》は、変わりました。

一手一手、「自分はこう打つ」と魂《たましい》をこめる。批判《ひはん》をおそれず、大胆《だいたん》に。めざすのは、どんな状況《じょうきょう》でも自分を信じぬくゆるぎない境地《きょうち》です。勝負師《しょうぶし》としてのはてしない修業《しゅぎょう》が続きます。

✴世界に挑《いど》む

2013年、囲碁《いご》の世界一を決める国際《こくさい》トーナメント、LG杯《エルジーはい》に出場するため、井山《いやま》さんは韓国《かんこく》に向かっていました。

盤上《ばんじょう》の宇宙《うちゅう》、独創《どくそう》の一手

井山裕太《いやまゆうた》

かつて、日本の囲碁《いご》は世界最強といわれていました。しかし近年は、中国《ちゅうごく》や韓国《かんこく》に追いこされ、日本は8年以上大きな国際《こくさい》大会での優勝《ゆうしょう》から遠ざかっています。とくに手ごわいのは中国《ちゅうごく》です。国際《こくさい》大会をなんども制覇《せいは》した古力《こりき》さん。現在《げんざい》、実力ナンバーワンともいわれる陳耀燁《ちんようよう》さん。世界のトップを中国《ちゅうごく》の棋士《きし》たちが独占《どくせん》しています。

井山《いやま》さんは、この中国棋士《ちゅうごくきし》の勢《いきお》いをなんとかくい止めたいと思っていました。世界戦への気持ちを、井山《いやま》さんは、こう話します。

「昔は、日本の名人なら世界の名人だったわけですが、いまはそうではありません。もう一度、日本の囲碁《いご》を世界のトップにしたいとぼくは思いますし、日本の囲碁《いご》ファンの方たちもそれを期待していると思います。それで、自然に世界で戦うことを意識《いしき》するようになりました」

おだやかな口ぶりの中にも、強い責任感《せきにんかん》と熱い闘争心《とうそうしん》が見えかくれしていました。日本を代表する棋士《きし》の誇《ほこ》りをかけて、井山《いやま》さんは世界に挑《いど》みます。

LG杯《エルジーはい》1回戦。

井山《いやま》さんは中国《ちゅうごく》の若手棋士《わかてきし》と対戦し、勝利。続く2回戦では韓国《かんこく》のトップ棋士《きし》を破《やぶ》りました。次は準々決勝《じゅんじゅんけっしょう》。対戦相手は、当時世界最強といわれていた中国《ちゅうごく》の陳耀燁《ちんようよう》さん。いよいよ、強敵《きょうてき》との対決です。

(自分のふだんの力をどれだけだせるかだ)

井山《いやま》さんは、自分に言い聞かせます。

井山《いやま》さんがホテルにチェックインする手続きをしていると、ちょうど中国の棋士《きし》たちも到着《とうちゃく》して、ロビーに入ってきました。その中に、対戦相手の陳《ちん》さんの姿《すがた》も見えます。

堂々《どうどう》とした体格《たいかく》、思慮《しりょ》深そうな表情《ひょうじょう》。若者《わかもの》らしくないほど落ち着いていて、独特《どくとく》の威圧感《いあつかん》があります。

井山《いやま》さんにとって、陳《ちん》さんは長年のライバルです。

はじめて対戦したのは小学生のときでした。子ども相手には負けたことのなかった井山《いやま》さんが、同い年の陳《ちん》さんに完敗。その圧倒的《あっとうてき》な強さに、くやしいというよりおどろいてしまいました。

（この人と勝負するには、いまのままではだめだ）

子ども心にそう感じたと言います。

中国《ちゅうごく》の棋士《きし》の強みは読みのするどさです。とくに、競り合っているときほど、その読みがさえます。井山《いやま》さんは得意の独創的《どくそうてき》な手を打って、陳《ちん》さんの読みを超《こ》える展開《てんかい》にもちこみたいと考えていました。

井山《いやま》さんには、

（日本の代表、タイトル保持者《ほじしゃ》として、それなりのものをしめしたい）

という気持ちがあります。そして、自信もありました。

ベストをつくせばチャンスはある……！


対戦の日がやってきました。

いつものように先に対局室に入り、集中を高める井山《いやま》さん。

あとから陳《ちん》さんが入ってきました。碁盤《ごばん》をはさんで井山《いやま》さんと向き合います。

ＬＧ《エルジー》杯《はい》で陳《ちん》さんと対局する井山《いやま》さん。

対局開始。陳《ちん》さんの黒番からはじまりました。

何手か打つあいだに、井山《いやま》さんは陳《ちん》さんのもつ独特《どくとく》の雰囲気《ふんいき》を感じとります。

（すごい目をしているな。するどい。迫力《はくりょく》がちがう。これがこの人の強みなんだ。隙《すき》を見せたらもっていかれてしまう）

警戒《けいかい》する井山《いやま》さんに対して陳《ちん》さんは、井《い》山《やま》さんの作戦を見すかしたように、独創的《どくそうてき》な手を封《ふう》じる手を打ってきました。

囲碁《いご》の基本《きほん》ともいえる形をつくったのです。研究しつくされ、すでに最善《さいぜん》とされる打ち方が確定《かくてい》している形。ここからは、「読みを超《こ》えた新しい展開《てんかい》」にもちこむことはできそうにありません。

別室で対局を見ている地元韓国《かんこく》の棋士《きし》たちが、

「陳《ちん》さんは、井山《いやま》さんのことをかなり研究してきているね」

と話しています。

しかし、井山《いやま》さんはひるみません。陳《ちん》さんの黒の地を小さく押《お》しこめ、自分の白の地を大きく押《お》さえようという積極的で大胆《だいたん》な手を打ちました。

陳《ちん》さんは少し口元をひきしめたあと、盤上《ばんじょう》をじっと見つめて考えています。

(どう反応《はんのう》してくるだろう?)

井山《いやま》さんは陳《ちん》さんの表情《ひょうじょう》をうかがいます。緊張《きんちょう》した長い静止……。

ようやく、碁石《ごいし》に手をのばした陳《ちん》さんが強烈《きょうれつ》な反撃《はんげき》の手を打ちました。井山《いやま》さんが獲得《かくとく》しようとしている盤上《ばんじょう》の片側《かたがわ》一帯に、強い圧力《あつりょく》をかけてきたのです。

井山《いやま》さんは、そのエリアのもろいところを補《おぎな》って守ります。しかし、陳《ちん》さんはどんどん攻《せ》めの手を打ちます。井山《いやま》さんにとっては、攻《せ》められては守るという苦しい展開《てんかい》になりました。着ていた上着を脱《ぬ》ぐ井山《いやま》さん。慎重《しんちょう》に一手ずつしのぎながら、形勢《けいせい》をひっくり返す一発逆転《ぎゃくてん》のチャンスを探《さぐ》り続けています。

陳《ちん》さんの黒石が、井山《いやま》さんが守ろうとしている地の深いところに入ってきました。これに対して井山《いやま》さんは、陳《ちん》さんの黒石を威嚇《いかく》するような強烈《きょうれつ》な一手を打ちました。気迫《きはく》をこめます。

こちら側は絶対《ぜったい》にわたさない！　これ以上はゆるさない！

心で打つ

別室にいて、井山《いやま》さんのこの手を見た韓国棋士《かんこくきし》が、

「勝負の手ですね。ふつうの人には打てない手ですよ。井山《いやま》さんらしい力強い手だ」

と、感想をもらします。

この手を境《さかい》に、その周辺をめぐる戦いが一気に過熱《かねつ》しました。陳《ちん》さんは、白地を圧縮《あっしゅく》しようと強烈《きょうれつ》に押《お》してきます。じわじわと押《お》される井山《いやま》さんの白地。腕組《うでぐ》みをし、ときどき天を仰《あお》ぎながら、井山《いやま》さんはひたすら防《ふせ》ぎます。意地と意地とのぶつかり合い。息づまる戦いになりました。

対局から4時間経過《けいか》。井山《いやま》さんは、盤《ばん》の片側《かたがわ》をめぐるかけひきに行きづまりを感じはじめます。

(このままはり合ってもちょっとうまくいかないな。いったん、はなれてみようか……)

陳《ちん》さんのかけてくる圧力《あつりょく》をはぐらかして、別の場所に注意をそらそう。そう考えて、乱戦《らんせん》になっていた盤《ばん》の片側《かたがわ》をはなれ、逆側《ぎゃくがわ》に一手、打ちました。

井山《いやま》さんのかわしの手を見て、少し考える陳《ちん》さん。

しかし、井山《いやま》さんのさそいには乗りませんでした。激戦《げきせん》となっている盤《ばん》の片側《かたがわ》にのこって攻撃《こうげき》を続けます。

これで、形勢《けいせい》は一気に陳《ちん》さん有利になってしまいました。

眉《まゆ》をしかめる井山《いやま》さん。流れをとりもどそうとねばりますが、陳《ちん》さんは一手一手、的確《てきかく》に対応《たいおう》してきます。じょじょに井山《いやま》さんは追いつめられていきました。

開始から5時間半。井山《いやま》さんは、ついに挽回《ばんかい》をあきらめました。小さく頭を下げます。

「負けました」

の合図。陳《ちん》さんも応《おう》じて頭を下げました。

井山《いやま》さんの自由な手、独創《どくそう》の碁《ご》は、陳《ちん》さんに完全に封《ふう》じこめられました。思い知らされる世界一の実力。

井山《いやま》さんは対局室をでてホテルの部屋にもどり、しばらくでてきませんでした。

対局後ひかえ室では、各国の棋士《きし》たちが碁盤《ごばん》を囲んで、井山《いやま》さんと陳《ちん》さんの対局を再現《さいげん》しながら話をしています。

そこへ、井山《いやま》さんが姿《すがた》をあらわしました。

ゆっくりひかえ室に入ってきて、盤《ばん》を囲む棋士《きし》たちから少しはなれたところに立ち、ようすを見ています。落ち着かない浮《う》かない表情《ひょうじょう》。やがて、思いきったように棋士《きし》たちのところに歩み寄《よ》りました。

「攻《せ》めなきゃいけなかったんでしょうか。あれは悪い手だったのかな」

そう言いながら、盤《ばん》の上の石をくずして並《なら》べはじめたのは、陳《ちん》さんの攻《せ》めをかわ

ひかえ室で先輩棋士《せんぱいきし》たちが検討《けんとう》する盤《ばん》を見つめる井山《いやま》さん。

そうとして、逆側《ぎゃくがわ》へ打ったあの一手の場面。
「かわさずに打つべきだったんでしょうか……」

棋士《きし》たちに問いかけているのか、自分への問いかけなのか。盤《ばん》の上の石をじっと見つめている井山《いやま》さんの目は、その奥《おく》にあるものを見ているようでもあります。強く一点を見つめ、そらされることはありません。

あのとき、あの手を選んだ自分とは何か？
心はゆらいでいなかったか？
井山《いやま》さんは自分が打った石に、自分の姿《すがた》を見つめているのです。

翌朝《よくあさ》。井山《いやま》さんは、いつものおだやかな表《ひょう》

情《じょう》にもどっていました。

陳《ちん》さんとの対戦をこうふりかえります。

「今回の対局で、陳《ちん》さんがどういうところがほかの棋士《きし》とちがうのか、どんなふうに強いのかが少しわかった気がします。今回の経験《けいけん》を生かして、次はもう少しよい戦いができるように、もう少し強くなりたいと思います」

くやしさと学び。

井山《いやま》さんは、それを胸《むね》にしまって帰国しました。

全身全霊《ぜんれい》をかける、頭脳《ずのう》の戦い、囲碁《いご》。その頂上《ちょうじょう》をめざして、自分の碁《ご》を打ちぬく。

井山《いやま》さんの修業《しゅぎょう》は続きます。

※その後、井山《いやま》さんは前人未踏《ぜんじんみとう》の偉業《いぎょう》、七冠《かん》を達成し（2016年4月）、2度目の七冠《かん》達成（2017年10月）ののち、国民栄誉賞《こくみんえいよしょう》受賞が決定しました（2018年1月）。

盤上《ばんじょう》の宇宙《うちゅう》、独創《どくそう》の一手

井山裕太《いやまゆうた》

プロフェッショナルとは

どんなに苦しい局面でも、
未知の領域《りょういき》に入っても、
自分を信じることができる、
ということにつきると思います。

第220回2014年1月13日放送

こんなところがプロフェッショナル！

自分を信じた手を打ちぬく井山裕太《いやまゆうた》さん。
そのほかにもこんなところもすごいよ。

勝率《しょうりつ》7割《わり》の驚異《きょうい》

囲碁棋士《いごきし》の世界は、一手を打つために千通りの可能性《かのうせい》を読み合います。井山《いやま》さんは、そんな棋士《きし》たちとの戦いの中で勝率《しょうりつ》7割《わり》という驚異《きょうい》の成績《せいせき》を誇《ほこ》っています。

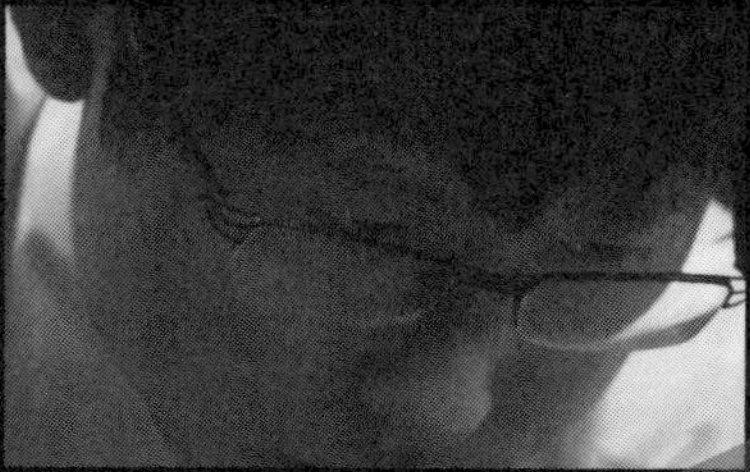

プロをうならせる大胆《だいたん》な手

井山《いやま》さんの独創的《どくそうてき》で大胆《だいたん》な手に、対局を別室で見守る棋士《きし》たちからどよめきがおこることもしばしば。「失敗するリスクがある手」「信じられない手」「井山《いやま》さんらしい手」と、おどろきの声が上がります。

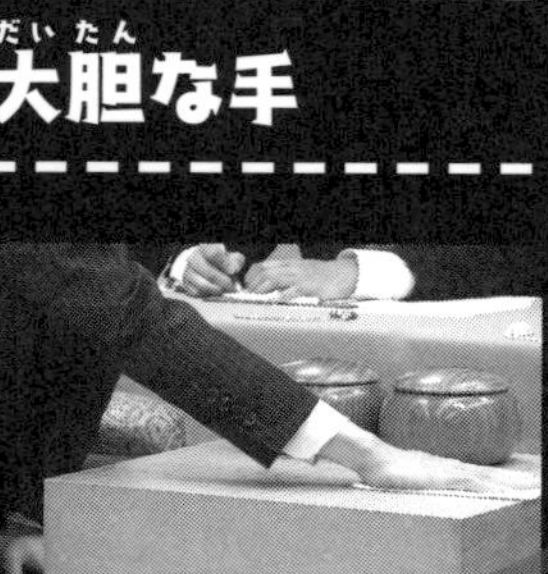

情熱《じょうねつ》を失わないための勉強法

井山《いやま》さんは、囲碁《いご》の勉強は集中しておこない、なるべく短い時間で切り上げるように心がけています。こうすることで、囲碁《いご》への情熱《じょうねつ》を失わないようにしているのです。

だれになんと言われようと自分の手を打つ

相手の手がすべていい手に見えているようでは、なかなか勝負には勝てないと言う井山《いやま》さん。だれになんと言われようと、自分はこうなんだという手を信じて打ちきることができるかどうか、井山《いやま》さんはそれを大切にしています。

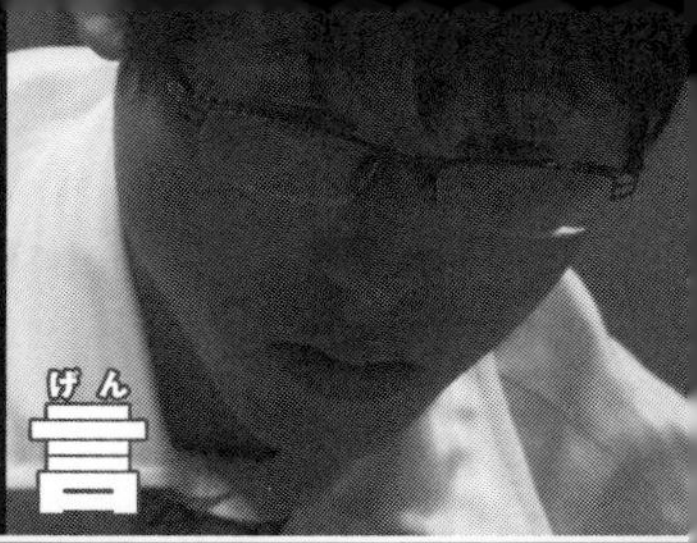

プロフェッショナルの格《かく》言《げん》

つねに挑戦《ちょうせん》する囲碁棋士《いごきし》、井山裕太《いやまゆうた》さんのことばを心にきざもう。

安全は最善《さいぜん》の策《さく》ではない

「安全な手はちょっとずつ甘《あま》い手になります。最善《さいぜん》の策《さく》が100点の手だとすると安全な策《さく》は90点の手。それが少しずつ重なっていくと、勝負が入れかわってしまう世界なのです」井山《いやま》さんはそう語ります。

反省はするけど後悔《こうかい》はしない

対局のないふだんの日は、自分の対局を分析《ぶんせき》する日々《ひび》を送る井山《いやま》さん。でもそのときに、反省はしても、後悔《こうかい》や勝負をひきずることはしないようにしていると言います。井山《いやま》さんは、つねに前を見ているのです。

迷《まよ》わず打ちたいほうの手を選ぶ

「人まねばかりしていては勝てません。常《じょう》識的《しきてき》にはこちらだけど、自分はこっちに打ちたいと思えば、迷《まよ》わず自分の打ちたいほうを選ぶようにしています」井山《いやま》さんは自分を信じているのです。

若《わか》き化石ハンター 太古の謎《なぞ》に挑《いど》む

恐竜《きょうりゅう》学者

小《こ》林《ばやし》快《よし》次《つぐ》

人類が誕生《たんじょう》するよりはるか昔、
地球を支配《しはい》していた巨大《きょだい》生物、恐竜《きょうりゅう》。
6000万年前に絶滅《ぜつめつ》したと考えられる、恐竜《きょうりゅう》の命の痕跡《こんせき》は、
現在《げんざい》では化石となって地球にのこっている。
その恐竜《きょうりゅう》の化石を、世界中の研究者が競い合って探《さが》す発掘《はっくつ》の現場《げんば》で、
「ファルコンズ・アイ（ハヤブサの目）」とよばれるひとりの日本人がいる。
獲物《えもの》をとらえるハヤブサのように、次々《つぎつぎ》に恐竜《きょうりゅう》の化石を発見するハンター。
発見した化石から、何種類もの新種の恐竜《きょうりゅう》の存在《そんざい》を明らかにし、
恐竜《きょうりゅう》研究をリードする研究者として活躍《かつやく》している。
その恐竜《きょうりゅう》学者が、恐竜絶滅《きょうりゅうぜつめつ》の定説のひとつをくつがえす証拠《しょうこ》を求めて向かう、
広大なアラスカの大地。
彼《かれ》はまた大発見をするのだろうか？

✴「ミスター恐竜《きょうりゅう》」

人類が地球にあらわれるずっと前にも、生き物は存在《そんざい》していました。それを証明《しょうめい》するのが化石です。

化石は、生き物の体や足跡《あしあと》などが石になってのこったもので、古い地層《ちそう》の中などにうまっています。

これらの化石によって、存在《そんざい》が明らかになっている太古の生き物のひとつが恐竜《きょうりゅう》です。恐竜《きょうりゅう》の化石は世界中で見つかっていて、ときには未知の恐竜《きょうりゅう》の化石が発見され、新種の恐竜《きょうりゅう》として国際的《こくさいてき》なニュースになります。

そうした恐竜《きょうりゅう》の研究者として世界的に注目されている日本人がいます。

その人は、小林快次《こばやしよしつぐ》さん。

小林《こばやし》さんは、9種類の恐竜《きょうりゅう》に名前をつけ新種として発表し、世界をおどろかせ続けてきた世界的な恐竜《きょうりゅう》研究者です。福井《ふくい》県で見つかった恐竜《きょうりゅう》の化石を分析《ぶんせき》し、新種の恐竜《きょうりゅう》と結論《けつろん》づけて、フクイサウルスと名づけたのも小林《こばやし》さんです。そのほか、海外で見つかった恐竜《きょうりゅう》の調査《ちょうさ》にも数多く関わる「ミスター恐竜《きょうりゅう》」なのです。

小林《こばやし》さんの名前が世界に広く知られるようになったきっかけは、デイノケイルスという恐竜《きょうりゅう》の化石を発見したことでした。

デイノケイルスは、長年謎《なぞ》の恐竜《きょうりゅう》とされていました。1965年に、2・5メートルにもおよぶ大きな腕《うで》の骨《ほね》の化石が見つかったあと、腕《うで》以外の部分が見つからず、全体像《ぜんたいぞう》が解明《かいめい》できなかったからです。

この恐竜《きょうりゅう》は、「おそろしい手」を意味するデイノケイルスという名前をつけられたきり、40年以上も腕《うで》だけの恐竜《きょうりゅう》のままでした。

デイノケイルスの腕《うで》を見た小林《こばやし》さんは、これは、自分がとくに力を入れて研究しているオルニトミモサウルス類、ダチョウ恐竜《きょうりゅう》ともよばれる恐竜《きょうりゅう》の仲間だと直感しました。それを証明《しょうめい》するためには、腕《うで》以外の部分を見つけて全体像《ぜんたいぞう》を解明《かいめい》しなければなりません。

そこで小林《こばやし》さんは、デイノケイルスの化石発掘《はっくつ》に挑戦《ちょうせん》。そして4年がかりで、つ

小林《こばやし》さんが発掘《はっくつ》した全身の化石から復元《ふくげん》したデイノケイルス

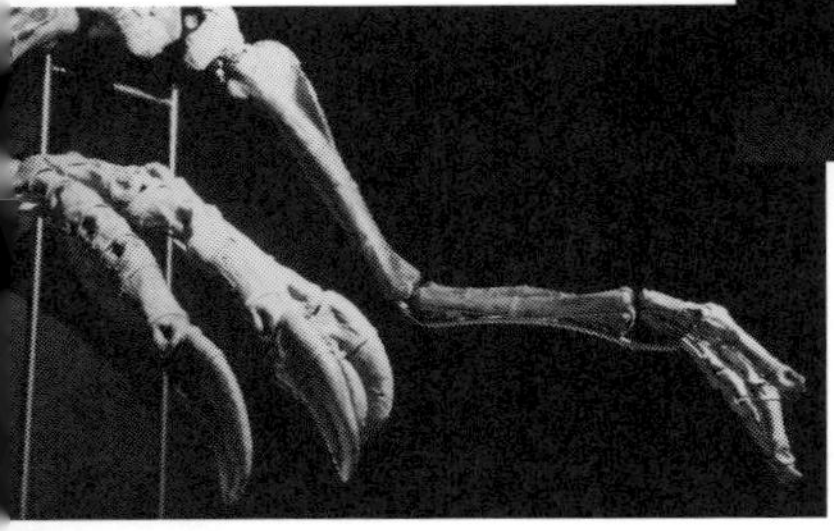

１９６５年に見つかったデイノケイルスの腕《うで》の化石。40年のあいだ、ずっとこの手の化石だけしか見つからなかった。

いにデイノケイルスの全身の化石を発見したのです。

この全身化石から、デイノケイルスは、小林《こばやし》さんの直感どおりオルニトミモサウルス類で、全長が10メートルあまり、体重は6トン以上の巨大恐《きょだいきょう》竜《りゅう》だということがわかりました。

頭が長く、背中《せなか》に帆《ほ》があり、腕《うで》が長いという不思議な姿《すがた》。足の骨《ほね》の構造《こうぞう》からは、ゆっくりと歩いたこともわかります。頭部の骨《ほね》に歯はなく、顎《あご》の構造《こうぞう》からくちばしがあったと考えられ、また、腹《ふく》部《ぶ》にのこっていた化石からは、植物や魚を食べていたことが推測《すいそく》されました。長年「謎《なぞ》の恐竜《きょうりゅう》」であったデイノケイルスの姿《すがた》が、小林《こばやし》さんの手によってあざやかに再現《さいげん》されたのです。

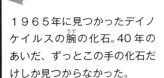

かつてこの地球を支配《しはい》していた恐竜《きょうりゅう》の生態《せいたい》を知ることは、生命の謎《なぞ》を解《と》く鍵《かぎ》になると小林《こばやし》さんは言います。

「生命がどうやって繁栄《はんえい》して、どうやって絶滅《ぜつめつ》していくのか。そのメカニズムを考えるのに、恐竜《きょうりゅう》はひとつの例になるかもしれないんです。ぼくたち人間のこれまでやこれからと照らし合わせることで、何か学べることがあるかもしれない。そういう意味で恐竜《きょうりゅう》はおもしろい題材です」

小林《こばやし》さんの目は、恐竜《きょうりゅう》の時代から現代《げんだい》までの長い時間の流れを通して、命の不思議を見ています。

ファルコンズ・アイ

小林《こばやし》さんは、世界中の研究者から共同研究の依頼《いらい》を受け、化石調査《ちょうさ》のために1年の3分の1を海外ですごします。

それほどたくさんの依頼《いらい》がくる理由のひとつが、小林《こばやし》さんの「ファルコンズ・アイ（ハヤブサの目）」。次々《つぎつぎ》に化石を見つけだす小林《こばやし》さんに研究者たちがつけた愛称《あいしょう》です。小林《こばやし》さんの博士論文《ろんぶん》の指導《しどう》教員だったフィリップ・カリー教授《きょうじゅ》は、小林《こばやし》さんの能力《のうりょく》をこう評価《ひょうか》します。

「コバヤシが世界的に有名なのは、まるでハヤブサのようなするどい目で、ほかの人が見つけられない化石を見つけるからです。ファルコンズ・アイをもつコバヤシの新発見をする力は一流です」

ある日小林《こばやし》さんが、カリー教授《きょうじゅ》の地元であるカナダのアルバータ州へ調査《ちょうさ》に出向きました。ここは、世界でも有数の化石の産地です。教授《きょうじゅ》は小林《こばやし》さんを笑顔で出むかえ、ふたりはそろって調査現場《ちょうさげんば》へ向かいました。現場《げんば》は切り立った山がどこまでも続き、その山々《やまやま》のむきだしになった山肌《やまはだ》には地層《ちそう》の横縞《よこじま》がくっきりと浮《う》きでています。

小林《こばやし》さんは、大きくて重そうなリュックを背負《せお》い、登山用ストックを手にしています。一見、山登りのようないでたちですが、これが小林《こばやし》さんの化石調査《ちょうさ》のスタイルです。

ここでは恐竜《きょうりゅう》の骨《ほね》の化石はいたるところで見つかりますが、ばらばらになっている上、いろいろな恐竜《きょうりゅう》のものが混《ま》ざっていることもあります。すでに研究しつくされている恐竜《きょうりゅう》のものも多く、その中から今後の研究で重要な意味をもつ化石を見分けるのが、研究者の腕《うで》の見せどころです。

小林《こばやし》さんの化石に関する知識《ちしき》は世界でもトップクラス。化石の色や形だけでなく、実際《じっさい》にふれたときの感触《かんしょく》なども記憶《きおく》しています。その豊富《ほうふ》な情報量《じょうほうりょう》をもとに、見つけた化石がどの恐竜《きょうりゅう》のどの部分にあたるかを推測《すいそく》することができるのです。

武器《ぶき》は豊富《ほうふ》な知識《ちしき》だけではありません。

小林《こばやし》さんには、高性能《こうせいのう》レーダーのような広い視野《しや》があります。足をふみ外せば命にも関わる急斜面《きゅうしゃめん》の岩肌《いわはだ》を、ストックで体をささえて歩きながら、小林《こばやし》さんは感覚をとぎすませて化石を探《さが》しているのです。

「あ、あそこに爪《つめ》がある。けっこう大きい」

とつぶやく小林《こばやし》さん。

化石らしいものを見つけたのは、６メートルほど下の急斜面《きゅうしゃめん》です。岩がくずれてもろくなった足場を慎重《しんちょう》にふみしめながらおりていきます。たどりついた岩場には、魚の頭に似《に》た形の石のようなものがはりついています。まわりの岩よりも少し赤みがかっているとはいえ、大きさは10センチ足らず。小林《こばやし》さんはそれを見のがしませんでした。

(まちがいない。恐竜《きょうりゅう》の爪《つめ》だ)

確信《かくしん》を得た小林《こばやし》さんは、ひょいひょいと岩場を登って高い所からぐるりと下を見回します。

「ファルコンズ・アイ」がまた何かをキャッチ。

岩場をおりていきます。かがみこんだところには、薄茶色《うすちゃいろ》のナイフの先のような形の2センチほどの小さな化石が、表面だけを地面からはみださせてうまっています。

(こっちは、歯みたいだな……)

歯や爪《つめ》は、恐竜《きょうりゅう》が何を食べていたかがわかる重要な化石です。小林《こばやし》さんは立ち上がって、少しはなれたところにいたカリー教授《きょうじゅ》に報告《ほうこく》しました。

「ティラノサウルスの歯と、ハドロサウルスの爪《つめ》があります。採取《さいしゅ》しますか?」

「すばらしい」

小林《こばやし》さんは、爪《つめ》の化石の前に座《すわ》りこんで、写真を撮《と》り、大きさを測《はか》ってこまかくメモしはじめました。記録をとりながらつぶやきます。

「うん、まあまあの化石。悪くない……」

そして、化石の採取《さいしゅ》をはじめます。歯科医師《いし》がつかうような金属《きんぞく》の道具で、ていねいに化石のまわりの岩をけずりとり、くずれないように化石をとり外します。同じように歯も、慎重《しんちょう》にまわりの土をかきとって、そっと掘《ほ》りだしました。

数人が参加したその日の調査《ちょうさ》で、小林《こばやし》さんが見つけた化石は最大のものでした。

✳あると信じて進む

小林《こばやし》さんには、調査《ちょうさ》をするときの流儀《りゅうぎ》があります。それは「必ずある」と信じることです。

恐竜《きょうりゅう》の化石は、ふつうそうかんたんに見つかりません。むしろないのがあたりまえです。なぜ小林《こばやし》さんは「ある」と信じられるのでしょう。「ふつうだったら、見つからないとあきらめてしまうでしょうけど、ぼくはあきらめない。なかった、ということがわかったら、その分のこりの『あるかもしれないところ』はかぎられてくる。見つかる可能性《かのうせい》が高くなるということです。だから、なかったことも喜びにします。もう一歩先できっと見つかる。必ずある」

「ある」と信じて歩き続けて、小林《こばやし》さんは道を切り開いてきたのです。

小林《こばやし》さんの恐竜《きょうりゅう》学者としての技《わざ》は発掘《はっくつ》だけではありません。分析《ぶんせき》にも定評《ていひょう》があります。科学的な分析《ぶんせき》によって、それまで信じられていた説の誤《あやま》りを指摘《してき》し、正してきました。

たとえば肉食恐竜《きょうりゅう》のティラノサウルス。以前は、狩《か》りが不得意で動物の死体を餌《えさ》にしていたという説が有力でした。

しかし小林《こばやし》さんは、コンピューターをつかってティラノサウルスの頭蓋骨《ずがいこつ》を輪切りにした画像《がぞう》を詳《くわ》しく調査《ちょうさ》。これによって、脳函《のうかん》（脳《のう》のおさまる部分）の大きさや形が正確《せいかく》にわかり、脳函《のうかん》におさまっていた脳《のう》の大きさや形、構造《こうぞう》も明らかになりました。さらに分析《ぶんせき》の結果、ティラノサウルスの脳《のう》は、同じくらいの体格《たいかく》のほかの恐竜《きょうりゅう》にくらべて嗅覚《きゅうかく》をつかさどる部分が大きいことがわかりました。つまり、ティラノサウルスは特別に嗅覚《きゅうかく》が発達していたということです。

この分析《ぶんせき》結果にもとづいて、小林《こばやし》さんは、狩《か》りが不得意という従来《じゅうらい》の説に反論《はんろん》し、ティラノサウルスはすぐれた嗅覚《きゅうかく》を生かして狩《か》りをする恐竜《きょうりゅう》だった、という説を主《しゅ》張《ちょう》したのです。

分析《ぶんせき》の仕事として小林《こばやし》さんが手がけている重要なもののひとつに、北海道で発見された、ある恐竜《きょうりゅう》の化石の分析《ぶんせき》があります。

北海道は国内有数の化石の産地です。小林《こばやし》さんの研究室のある北海道大学は、昔からこの環境《かんきょう》を生かした研究をさかんにおこなっており、恐竜《きょうりゅう》研究で日本屈指《くっし》といわれています。小林《こばやし》さんが分析《ぶんせき》しているのは、北海道南部のむかわ町で発掘《はっくつ》された恐竜《きょうりゅう》の全身化石で、日本ではめったに見られないほど状態《じょうたい》のよいものです。

はじめ見つかったのはしっぽの一部でした。発見場所が、恐竜《きょうりゅう》の時代には海だったところだったので、この化石は海にすんでいた爬虫類《はちゅうるい》である首長竜《くびながりゅう》のものと考えられていました。

しかし、化石を調べた研究者が、これは恐竜《きょうりゅう》のものかもしれないと気づき、小林《こばやし》さんがよばれました。小林《こばやし》さんは、その化石を恐竜《きょうりゅう》のものと判断《はんだん》。しっぽの骨《ほね》がきれいな形でのこっていたことから、それ以外の全身も必ずまとまってのこっていると考えて発掘調査《はっくつちょうさ》をはじめました。

そして、2年がかりの発掘《はっくつ》で、その恐竜《きょうりゅう》のほぼ全身の化石を発見することに成功したのです。

発掘《はっくつ》された化石によって復元《ふくげん》された恐竜《きょうりゅう》は全長8メートル。日本で発掘《はっくつ》された全身化石では最大のものです。カモノハシのようなつきでた口が特徴《とくちょう》の、ハドロサウルス科に属《ぞく》する恐竜《きょうりゅう》であることもわかりました。

さらに、いままで世界で確認《かくにん》されている40種類ほどのハドロサウルス科恐竜《きょうりゅう》の、どれとも異《こと》なる新種である可能性《かのうせい》もあります。世界からも注目されるようになった

若《わか》き化石ハンター　太古の謎《なぞ》に挑《いど》む

小林快次《こばやしよしつぐ》

写真：むかわ町穂別博物館

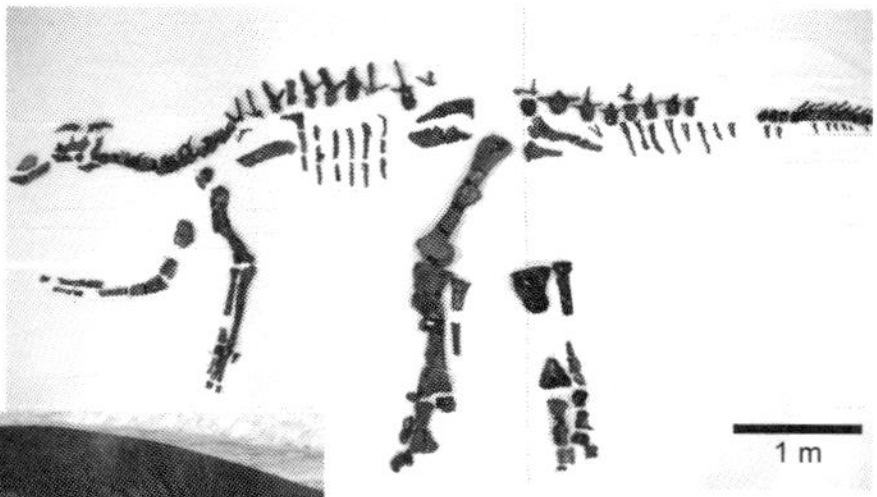

発掘《はっくつ》されたむかわ竜《りゅう》の全身化石。

むかわ竜《りゅう》の復元《ふくげん》イメージ。

この恐竜《きょうりゅう》に、新種としての正式な名前はまだつけられませんが、当面、発見された北海道のむかわ町の地名にちなんで、「むかわ竜《りゅう》」とよばれることになりました。

小林《こばやし》さんは、むかわ竜《りゅう》の化石の形をこまかく分析《ぶんせき》し、新種かどうかを見きわめる作業を続けています。化石はばらばらで、どこの骨《ほね》か確定《かくてい》できないものもたくさんあります。小《こ》林《ばやし》さんが、その中から恐竜《きょうりゅう》の種類の特定に重要な、あごの一部と思われる骨《ほね》の化石を手にとって考えました。

（この続きがあれば特徴《とくちょう》がはっきりするんだけど……。そういえば、よく似《に》た感じの骨《ほね》を見たおぼえがあるな）

小林《こばやし》さんが、たくさんある保管《ほかん》ケースからひとつの化石を探《さが》しだし、もっていたあごの骨《ほね》にくっつけました。端《はし》と端《はし》の形がぴったりと合います。

「あ、くっついた！」

まわりにいた博物館のスタッフたちが歓声《かんせい》を上げました。

さっそく、組み合わせた化石を写真に撮《と》り、大きさや角度を測《はか》ります。あごの特《とく》徴《ちょう》がはっきりしました。これらのデータから小林《こばやし》さんが指摘《してき》します。

「ほかの恐竜《きょうりゅう》のあごの骨《ほね》はもっとふくらんでる。これはかなり真っすぐだね」

ほかの恐竜《きょうりゅう》との比較《ひかく》は、新種かどうかを判断《はんだん》するのに重要です。小林《こばやし》さんは、その比較分析《ひかくぶんせき》をさらに正確《せいかく》におこなうために、カナダのロイヤル・ティレル博物館を訪《たず》ねました。

ここは世界最大級の恐竜専門《きょうりゅうせんもん》博物館で、むかわ竜《りゅう》と同じハドロサウルス科の恐竜《きょうりゅう》の化石がそろっています。

骨《ほね》にあらわれている特徴《とくちょう》が、種類の差によるものなのか、おとなと子ども、オスとメスのちがいなのか。そういったことは、写真やデータだけではなかなかわからないと小林《こばやし》さんは言います。だから、参考になる化石があれば、どんなに遠くにでもでかけて行き、小さな化石のひとつひとつを実際《じっさい》に手にとって確認《かくにん》するのです。

（むかわ竜《りゅう》はほかのハドロサウルス科の恐竜《きょうりゅう》より大きいし、大きいだけではなくて、なにか、ほかの恐竜《きょうりゅう》とはちがう気がする。やはり未知の恐竜《きょうりゅう》かもしれない）

小林《こばやし》さんはそう考えていますが、それを証明《しょうめい》するには、こうした比較《ひかく》を全身の化石数百個《こ》でくり返さなければなりません。正しい形がわからないまま、パズルを組み立てるような先の見えない作業。

しかし、小林《こばやし》さんはあきらめません。

1ミリずつ進む

「とにかく前進することなんです。1歩でも、1センチでも、1ミリでもいい。どんなに視界《しかい》が悪くても、1ミリなら進める。そういうふうにあきらめずに前進し続けたら、どこかの山の上には登れます」

むかわ竜《りゅう》の分析《ぶんせき》には、少なくとも5年はかかるといいます。

小林《こばやし》さんはひとつひとつ化石を確認《かくにん》しながら、その道のりを進んでいます。

✴挫折《ざせつ》だらけの化石少年

小林《こばやし》さんは、多くの化石が産出する恐竜《きょうりゅう》王国、福井《ふくい》県に生まれました。中学校1年生のときに、たまたま参加したクラブ活動ではじめて化石探《さが》しを経験《けいけん》しました。ところが、ほかの生徒たちは次々《つぎつぎ》に化石を見つける中で、小林《こばやし》さんはひとつも見つけられませんでした。

負けずぎらいの小林《こばやし》さんは、先生にもう一度連れて行って欲《ほ》しいとたのみます。そして、丸一日探《さが》し続け、ようやく岩の中から見つけたのは、小さなアンモナイトでした。

(自分の手で、1億5000万年前の生き物の化石をとりだしたんだ…！)

非現実的《ひげんじつてき》とも思えるこのおもしろさに夢中《むちゅう》になった小林《こばやし》さんは、それから化石探《さが》しに没頭《ぼっとう》しはじめました。そして、化石の研究で賞をとり、地元では有名な化石少

若《わか》き化石ハンター　太古の謎《なぞ》に挑《いど》む

小林快次《こばやしよしつぐ》

年になったのです。

しかし小林《こばやし》さんは、恐竜《きょうりゅう》学者になるのは無理だと思っていました。成績《せいせき》も平凡《へいぼん》、がまん強くもない。自分には恐竜《きょうりゅう》学者になれるほどの才能《さいのう》はない。そう自分に言い聞かせて、いずれは一般《いっぱん》企業《きぎょう》に就職《しゅうしょく》しようと考えていました。

転機が訪《おとず》れたのは大学1年生のとき。アメリカで恐竜《きょうりゅう》を研究している学者と出会って、その話を聞くうちに、夢《ゆめ》をあきらめようとしていた自分がいやになったのです。小林《こばやし》さんは、思いきって在籍《ざいせき》していた大学を退学《たいがく》してアメリカにわたりました。

恐竜《きょうりゅう》への興味《きょうみ》はもちろんのこと、小林《こばやし》さんには自分を変えたいという強い気持ちがありました。

(いままでは、いいわけばかりだった。一からちゃんとやり直すんだ!)

そんな決意をもって、恐竜《きょうりゅう》の本場・アメリカで意気ごんで研究をはじめた小林《こばやし》さん。ところが、アメリカでのはじめての研究発表の途中《とちゅう》で、教授《きょうじゅ》からいきなり、

「発表をやめなさい」

とさえぎられたのです。それはつまり、聞く価値《かち》のない発表だ、ということです。

ほかの学生たちの、オリジナリティにあふれた研究発表が続くのを聞きながら、小《こ》林《ばやし》さんは思いました。

(やっぱり、自分には恐竜《きょうりゅう》学者としてのセンスがないんだ……)

(どうしよう、どこへ向かえばいいんだろう……)

日本の大学は退学《たいがく》してしまっていたし、ひき返せる場所はどこにもありません。センスがあってもなくても、もうこの道しかない。それならどうすればよいか。小《こ》林《ばやし》さんは気づきました。

(1ミリずつでいい。前に進もう)

小《こ》林《ばやし》さんは、力をつけるために、朝から晩《ばん》まで研究室にこもりました。文献《ぶんけん》を端《はし》から読みあさり、化石の知識《ちしき》を蓄《たくわ》えていきます。アルバイトで稼《かせ》いだお金はすべて論文《ろんぶん》のコピー代や研究書代に消えました。猛《もう》勉強の日々《ひび》でした。

そんな生活を2年ほど続けた小林《こばやし》さんは、中国での恐竜発掘《きょうりゅうはっくつ》に参加してある化石を見つけます。肉食とされていたシノオルニトミムスという恐竜《きょうりゅう》の化石です。その胃にふくまれていたのは、大量の小石。

（どうして石が胃の中に？）

疑問《ぎもん》に思った小林《こばやし》さんは、同じ恐竜《きょうりゅう》の化石を何体分も調べることにしました。ほかの研究者たちは、小林《こばやし》さんの調査《ちょうさ》を気にもとめません。それでも、たったひとりでこつこつ調べ続けました。

そして2年後、胃の中の小石は、植物をすりつぶして消化するために摂取《せっしゅ》されていたものだと解明《かいめい》します。小林《こばやし》さんは、肉食だと考えられていたその恐竜《きょうりゅう》が、実は植物食だったと結論《けつろん》づけました。

この研究をまとめた小林《こばやし》さんの論文《ろんぶん》は、科学雑誌《ざっし》の最高峰《さいこうほう》『ネイチャー』に掲載《けいさい》され、長年の定説をくつがえし反響《はんきょう》をよびました。「自分には才能《さいのう》がない」と思っていた研究者が、小さな前進をきざむことで、ついに世界をおどろかせたのです。

✴足跡《あしあと》の謎《なぞ》を追え

小林《こばやし》さんは、ある重要な調査《ちょうさ》のためにアメリカ北部のアラスカにやってきました。

アラスカは北極圏《ほっきょくけん》。恐竜《きょうりゅう》が生きていた時代からの寒冷地で、寒さの苦手な恐竜《きょうりゅう》がすめる環境《かんきょう》ではなかったと考えられてきたため、これまでほとんど恐竜《きょうりゅう》研究がおこなわれなかった場所です。しかし、小林《こばやし》さんはこのアラスカに着目して、調査《ちょうさ》を続けています。

調査《ちょうさ》の目的は、恐竜絶滅《きょうりゅうぜつめつ》の定説のひとつをくつがえすという壮大《そうだい》なもの。恐竜《きょうりゅう》が絶滅《ぜつめつ》した理由はいくつか考えられていますが、そのひとつに、隕石《いんせき》の落下など、何かのきっかけで地球全体が寒くなったため滅《ほろ》びた、という説があります。しかし、寒いアラスカに恐竜《きょうりゅう》がいたことが証明《しょうめい》できたら、この説はくつがえされるかもしれません。

(恐竜《きょうりゅう》には、本当は、冬を越《こ》えられる能力《のうりょく》があったかもしれない。恐竜《きょうりゅう》の絶滅《ぜつめつ》の原《げん》因《いん》を確《たし》かめなければ。それを明らかにできるのはアラスカだ)

小林《こばやし》さんは、胸《むね》に恐竜《きょうりゅう》研究の革命《かくめい》の夢《ゆめ》をいだいているのです。

調査《ちょうさ》するのは、広さ240ヘクタールのデナリ国立公園。東京《とうきょう》都の10倍以上の面積の広大な公園です。公園内には、標高6000メートルを超《こ》えるマッキンリー山をはじめ、高い山が連なります。高山の中腹《ちゅうふく》には厚《あつ》い雲がかかり、山すそでは大きな角をもつヘラジカが草を食べています。圧倒《あっとう》されるような大自然のこの公園は、自然保護《ほご》のため立ち入りがきびしく制限《せいげん》されていて、小林《こばやし》さんが調査《ちょうさ》のために入場を許可《きょか》されたのも、わずか2日間です。

本格的《ほんかくてき》な調査《ちょうさ》の前に、小林《こばやし》さんは宿のまわりを歩き回って予備調査《よびちょうさ》をおこないます。山道を歩いていくと、小石のたくさんつまった地層《ちそう》が露出《ろしゅつ》しているところがありました。れき岩という岩石でできたこのような地層《ちそう》は、7000万年ほど前の恐《きょう》竜《りゅう》の足跡《あしあと》がのこされている地層《ちそう》です。その地層《ちそう》を確認《かくにん》すると、小林《こばやし》さんはさらに先へ進みます。

（あれは、なんだろう……）

山の斜面《しゃめん》の岩に目をとめました。登っていき、小さな岩をひっくり返して観察します。一見ふつうの岩。でも、小林《こばやし》さんの目は、そこにあるものを見つけています。

（恐竜《きょうりゅう》の足跡《あしあと》の一部だ）

けれど、今回の調査《ちょうさ》で探《さが》しているのはもっと小さな足跡《あしあと》、子どもの恐竜《きょうりゅう》の化石です。恐竜《きょうりゅう》が生きていた時代、アメリカ大陸とユーラシア大陸は北のほうでつながっていました。ちょうどいまのアラスカのあたりがそのつなぎ目で、ふたつの大陸の通路にあたります。恐竜《きょうりゅう》はアラスカを通って両方の大陸を行き来できたので、定住はしなかったとされるアラスカにも、恐竜《きょうりゅう》が通過《つうか》した痕跡《こんせき》はのこっているのです。

ただし、寒冷地を通過《つうか》して長距離《ちょうきょり》を移動《いどう》するというきびしい旅ができるのは、おとなの恐竜《きょうりゅう》だけです。子どもの恐竜《きょうりゅう》の化石は、ふつう定着して暮《く》らしていた場所からしか発見されません。つまり子どもの恐竜《きょうりゅう》の化石が見つかれば、恐竜《きょうりゅう》がそこを生《せい》活圏《かつけん》にしていた可能性《かのうせい》をうらづける有力な証拠《しょうこ》となるのです。しかも寒さにたえられる恐竜《きょうりゅう》がいたと証明《しょうめい》できれば、これまでの常識《じょうしき》をひっくり返す大発見となります。

おとなの恐竜《きょうりゅう》の化石は、少し歩いただけで見つけることができました。小林《こばやし》さんは、手ごたえを感じながら予備調査《よびちょうさ》を終えました。

調査《ちょうさ》の共同研究者、アンソニー・フィオリロ博士が到着《とうちゃく》しました。小林《こばやし》さんと博士は、おたがいを「ヨシ」「トニー」とよび合う親しい研究者仲間です。

さっそくふたりは、公園の地図を広げて、作戦会議をはじめました。

「前回の調査《ちょうさ》では、こちら側には行かなかったね」

地図の上のエリアをペンでさししめしながら言うトニーさんに、小林《こばやし》さんはすぐにこたえました。

「登ってみましょう。かなり険《けわ》しい地形だけど、行く価値《かち》はあるかもしれない」

今回、ふたりは思いきった作戦で調査《ちょうさ》をおこなおうとしています。

ふつう、恐竜《きょうりゅう》の調査《ちょうさ》では、一度化石を見つけたところをくり返し掘《ほ》ります。一度化石が発見された所からは、のこりの化石などが見つかる確率《かくりつ》が高いからです。しかし小林《こばやし》さんたちは、いままで化石がまったく見つかっていないところに挑戦《ちょうせん》することにしました。手つかずのところを探《さが》せば、まったく新しい発見につながるかもしれません。そのかわり何もでてこない可能性《かのうせい》も高い……。ふたりはいちかばちかの勝負にでます。

初日の調査《ちょうさ》がはじまりました。

現場《げんば》は、手つかずの自然がのこる立ち入り禁止区域《きんしくいき》で、荒々《あらあら》しい性質《せいしつ》で知られるハイイログマも生息しているといいます。小林《こばやし》さんは、リュックの中からクマスプレーをとりだし、いつでもつかえるようにホルダーでぶら下げました。

午前9時、出発です。晴天。

目的地の山までは、およそ5キロ。起伏《きふく》の激《はげ》しい尾根《おね》は、ふだん人が入らないので道がありません。場所によっては腰《こし》のあたりまでのびた草をかき分けて進みます。

途中《とちゅう》、ふたりは、以前の調査《ちょうさ》のときに見つけたという恐竜《きょうりゅう》の足跡《あしあと》の化石のある岩場で、休憩《きゅうけい》しました。その足跡《あしあと》の化石は、アヒルの足を横に広げたような形をしていて、昨日、小林《こばやし》さんが宿の近くで見つけた足跡《あしあと》の化石よりは小さいものです。小《こ》林《ばやし》さんは、その化石をあらためて見下ろしました。

「これも小さいんだけどね」

と言う小林《こばやし》さんに、トニーさんが、

「うん、おとなの足跡《あしあと》ではないね。おとなはもっと大きい。でも、この足の大きさ

急斜面《きゅうしゃめん》を登りながら、化石を探《さが》す小林《こばやし》さん。

なら、全長も10メートルくらいにはなるでしょう。ある程度《ていど》成長した恐竜《きょうりゅう》だ」

とこたえ、小林《こばやし》さんもうなずきます。今回はもっと小さな子どもの恐竜《きょうりゅう》の化石を探《さが》すのです。ふたりは再《ふたた》び歩きだしました。

3時間ほど歩くと、川でけずりとられ地《ち》層《そう》がむきだしになった斜面《しゃめん》に行き当たりました。調査《ちょうさ》の目的地です。いままで調査《ちょうさ》したことのないところで、およそ7000万年前の恐竜《きょうりゅう》時代の地層《ちそう》です。どこに恐竜《きょうりゅう》の化石があっても不思議ではありません。

小林《こばやし》さんは、急斜面《きゅうしゃめん》に慎重《しんちょう》に足をふみだしました。この地層《ちそう》は、小さな岩や石だらけで、足をふみだすそばから、ぼろぼろとくずれた岩のかけらが砂《すな》ぼこりを上げて斜面《しゃめん》を落ちていきます。足もとからすべり落ちそうになる体をストックでささえながら、小林《こばやし》さんは化石を探《さが》し回ります。気になる石を見つけると、かがんで砂《すな》をはらってじっと見つめます。

（ちがう……）

また体をおこして歩きはじめます。そして、またかがんで、また歩きだし……。小林《こばやし》さんは同じことを延々《えんえん》とくり返します。

小林《こばやし》さんが遠くを見回すと、動くものが目に入りました。少しはなれた場所にハイイログマがいます。化石にばかり気をとられていては危険《きけん》です。緊張《きんちょう》が走ります。

斜面《しゃめん》は、岩や石でうめつくされています。雲ひとつない空の下、無数の石……。

数時間がすぎていきました。ずっと足元の石を見続けていた小林さんが、空を見上げました。はりつめていた何かがとぎれます。そして、

「ない」

とだけ言って、斜面《しゃめん》に座《すわ》りこみました。

「ふう……」

ため息をつき、それきり何も言わずに遠くを眺《なが》めています。

初日の調査《ちょうさ》時間はもうのこっていません。いままで調べたことのなかったところをくまなく探《さが》しましたが、結局この日は空ぶりに終わりました。

調査《ちょうさ》2日目も晴天。調査《ちょうさ》は今日が最終日です。

小林《こばやし》さんとトニーさんは、地図を広げて今日の調査《ちょうさ》場所を確認《かくにん》します。

昨日は、未調査《ちょうさ》の地域《ちいき》に挑戦《ちょうせん》して何も見つけることができませんでした。今日も何も見つからなければ、アラスカに恐竜《きょうりゅう》がいたことの証拠《しょうこ》を得ることはまだできません。しかし小林《こばやし》さんは、今日もまだ調査《ちょうさ》をしたことのない、新しい場所に行くことを決めました。小林《こばやし》さんは、なぜ、あえて化石の見つかる確率《かくりつ》の低い場所を選んだのでしょうか。

「ふつう、だれでも見つかりそうなところ、見つかるはずのところに探《さが》しに行くんです。でもぼくは逆《ぎゃく》に考えます。ここには化石はないだろうというところで見つける。そうすれば、それはたいていとても重要な発見になるからです」

小林《こばやし》さんは「ある」ということを前提《ぜんてい》にして、より大きな「ある」をめざして、あえてむずかしいことに挑《いど》むのです。それは小林《こばやし》さんの、ゆらぐことのない、あの化石探《さが》しの流儀《りゅうぎ》でした。

「必ずある」と信じる

2日目の調査《ちょうさ》がはじまりました。公園に入って歩きはじめてから3時間半。恐竜《きょうりゅう》時代の地層《ちそう》があらわれました。昨日と同じような岩と石だらけの急斜面《きゅうしゃめん》です。しかし、その斜面《しゃめん》を少し歩いてみた小林《こばやし》さんとトニーさんは、手ごたえを感じています。

「昨日よりは石の感じがいいね」

と、トニーさん。大きな岩が多く、足跡《あしあと》の化石がのこりやすい理想的な現場《げんば》です。

「でも太陽の角度が悪いよね。これでは足跡《あしあと》が見えにくい」

小林《こばやし》さんが目の上に手をかざして言いました。木陰《こかげ》ひとつない石だらけの斜面《しゃめん》に、太陽の強い光が反射《はんしゃ》しているのです。ふたりは、それぞれに太陽の強い日射《ひざ》しをさえぎるくふうをして石を確認《かくにん》しながら、斜面《しゃめん》を登りはじめました。

小林《こばやし》さんは、ときどき立ち止まり、真っすぐ体をおこしてぐるりと周囲を見回します。特別なレーダーをつかって化石の気配を感じようとしているかのようです。何かに導《みちび》かれるようにして急な斜面《しゃめん》を横に移動《いどう》して行こうとした小林《こばやし》さんが、もろい足場にふみこんで体勢《たいせい》をくずしました。危《あぶ》なく落下しそうなところを、ストックに体重をあずけてなんとかもちこたえましたが、意識《いしき》は見えない化石にひき寄《よ》せられているようです。目の前に続く灰色《はいいろ》の斜面《しゃめん》のどこかを見つめてつぶやきます。

「ありそう……ありそうなんだけど」

そして、石が重なっているところで足を止め、かがみこんでじっと見つめます。重なった石と石との間にのこっているのは、足跡《あしあと》の化石の一部のようです。でも、子どもの恐竜《きょうりゅう》のものと断言《だんげん》できる大きさではありません。

（可能性《かのうせい》はあるんだけど……もうちょっといいのがないかな。もっといいのが）

小林《こばやし》さんは立ち上がると、斜面《しゃめん》の上のほうを見上げ、また登りはじめました。

2時間半がたちました。のこり時間はもうわずか。しかし、小林《こばやし》さんはぎりぎりまで探《さが》し続けます。一歩ずつ前に進みながら、数えきれないほどの岩や石の中に眠《ねむ》っている恐竜《きょうりゅう》たちの気配を求め続けます。

ついに、調査終了《ちょうさしゅうりょう》の時間になりました。

「残念ながら、成果なし」

と言う小林《こばやし》さんは、意外にも晴れやかな顔をしています。探《さが》していた化石が見つからなかったこの調査《ちょうさ》ですが、小林《こばやし》さんにとってけっして失敗ではありません。

「今回はいままで探《さが》したことのなかった場所を探《さが》して、ここにはない、ということが確認《かくにん》できました。それが収穫《しゅうかく》です。これが来年、再来年《さらいねん》の調査《ちょうさ》につながる。むだなことはひとつもないんです。だから、目の前の一歩をちゃんとふむ。ぼくはそれがいちばん重要だと思っています」

小林《こばやし》さんは、また1ミリ前進したのです。そしてその1ミリを足がかりに、小林《こばやし》さんは、来年またここで調査《ちょうさ》をすることに決めました。

「次は必ず、見つける」

小林《こばやし》さんはあきらめません。

小林《こばやし》さんが調査《ちょうさ》を終えて帰って行く後ろ姿《すがた》は、もうすでに次の挑戦《ちょうせん》へ向かって歩いているのです。

プロフェッショナルとは

自分が未完成で、
未熟《みじゅく》だということを認識《にんしき》している人。
自分に満足しない人。

第276回2015年9月7日放送

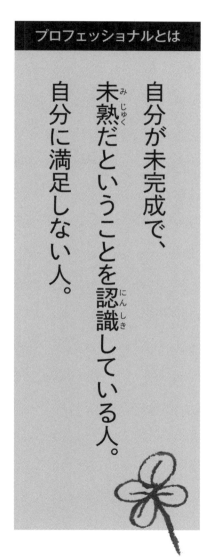

こんなところがプロフェッショナル！

世界的に注目されている恐竜《きょうりゅう》学者の小林快次《こばやしよしつぐ》さん。
そのほかにもこんなところがすごいよ。

おもちゃの恐竜《きょうりゅう》にも妥協《だきょう》しない

恐竜《きょうりゅう》フィギュアの形のチェックを依頼《いらい》された小林《こばやし》さん。資料《しりょう》を確認《かくにん》し、細部までチェックします。爪《つめ》の化石の写真を見て、「爪《つめ》をもう少しするどくしてもいいと思うんだ」と依頼主《いらいぬし》に電話で伝えました。たとえおもちゃのフィギュアでも、妥協《だきょう》はしません。

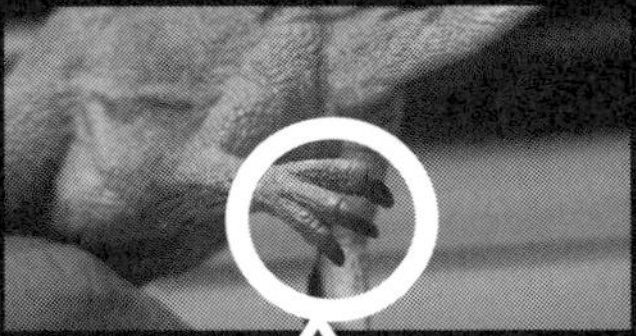

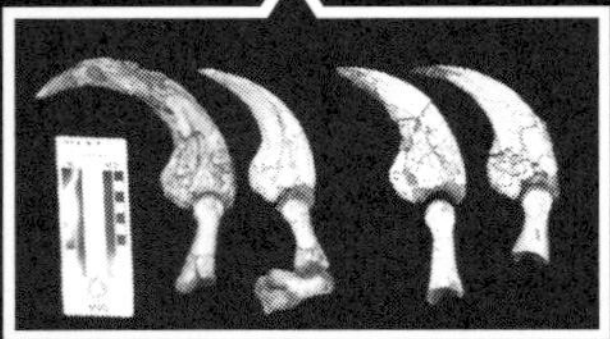

見つかりそうなところの逆《ぎゃく》を行く

ふつうは「ここに行けば見つかるだろう」というところに探《さが》しに行きますが、小林《こばやし》さんはちがいます。「あそこはでないだろう」というところに行くのです。そこで発見したものは、ほぼ必ず重要な発見となるからです。

最新技術《ぎじゅつ》で分析《ぶんせき》する

CT《シーティー》スキャンなどの最新技術《ぎじゅつ》をつかい、これまで数々《かずかず》の定説をくつがえしてきた小林《こばやし》さん。定説といわれているものでも、疑問《ぎもん》に思うことがあれば、あきらめずにとことん細かく分析《ぶんせき》を続けます。

全国の子どもからファンレター

小林《こばやし》さんの元には、恐竜《きょうりゅう》好きの全国の子どもたちからファンレターが届《とど》きます。小林さんはどんなにいそがしくても、「サイエンスに興味《きょうみ》をもってもらえるのがうれしい」と、ファンレターをていねいに読んでいます。

プロフェッショナルの格《かく》言《げん》

ミスター恐竜《きょうりゅう》、小林快次《こばやしよしつぐ》さんのことばを心にきざもう。

必ず「ある」と信じる

恐竜調査《きょうりゅうちょうさ》は、新しい発見がないことがほとんどですが、小林《こばやし》さんは必ず「ある」と信じて調査します。調査《ちょうさ》して何も「ない」ということは、のこりの調査面積がへり、見つかる確率《かくりつ》が高くなると考えるのです。

1ミリずつでいい。前に進もう

「とにかく前進する。どんなに視界《しかい》が悪くても、ほんの1ミリぐらいは動けるから…」と言う小林《こばやし》さん。1ミリずつでも前に進むことさえ心がけていれば、どこかの山には登れるはずだと考えているのです。

恐竜《きょうりゅう》を知ることは、生命の謎《なぞ》を解《と》く鍵《かぎ》

生命はどうやって繁栄《はんえい》し、どうやって絶滅《ぜつめつ》するのか。そのメカニズムを考えるとき、恐竜《きょうりゅう》はひとつの例になるかもしれない。恐《きょう》竜《りゅう》を知ることは生命の謎《なぞ》を解《と》く鍵《かぎ》になるかもしれないと小林《こばやし》さんは考えています。

ぶれない志《こころざし》、革命《かくめい》の歯科医療《いりょう》

歯科医
熊谷《くまがい》崇《たかし》

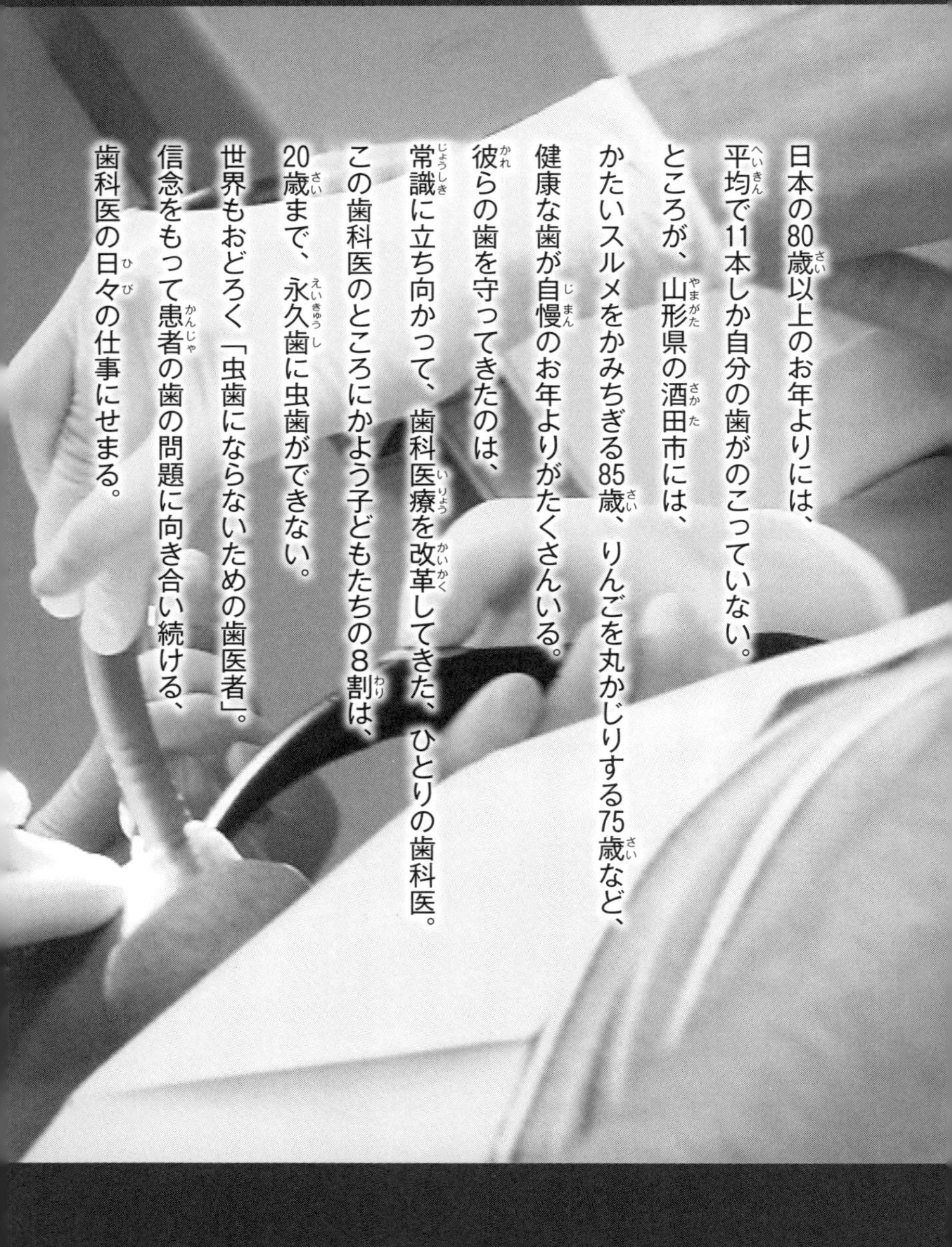

日本の80歳《さい》以上のお年よりには、
平均《へいきん》で11本しか自分の歯がのこっていない。
ところが、山形《やまがた》県の酒田《さかた》市には、
かたいスルメをかみちぎる85歳《さい》、りんごを丸かじりする75歳《さい》など、
健康な歯が自慢《じまん》のお年よりがたくさんいる。
彼《かれ》らの歯を守ってきたのは、
常識《じょうしき》に立ち向かって、歯科医療《いりょう》を改革《かいかく》してきた、ひとりの歯科医。
この歯科医のところにかよう子どもたちの8割《わり》は、
20歳《さい》まで、永久歯《えいきゅうし》に虫歯ができない。
世界もおどろく「虫歯にならないための歯医者」。
信念をもって患者《かんじゃ》の歯の問題に向き合い続ける、
歯科医の日々《ひび》の仕事にせまる。

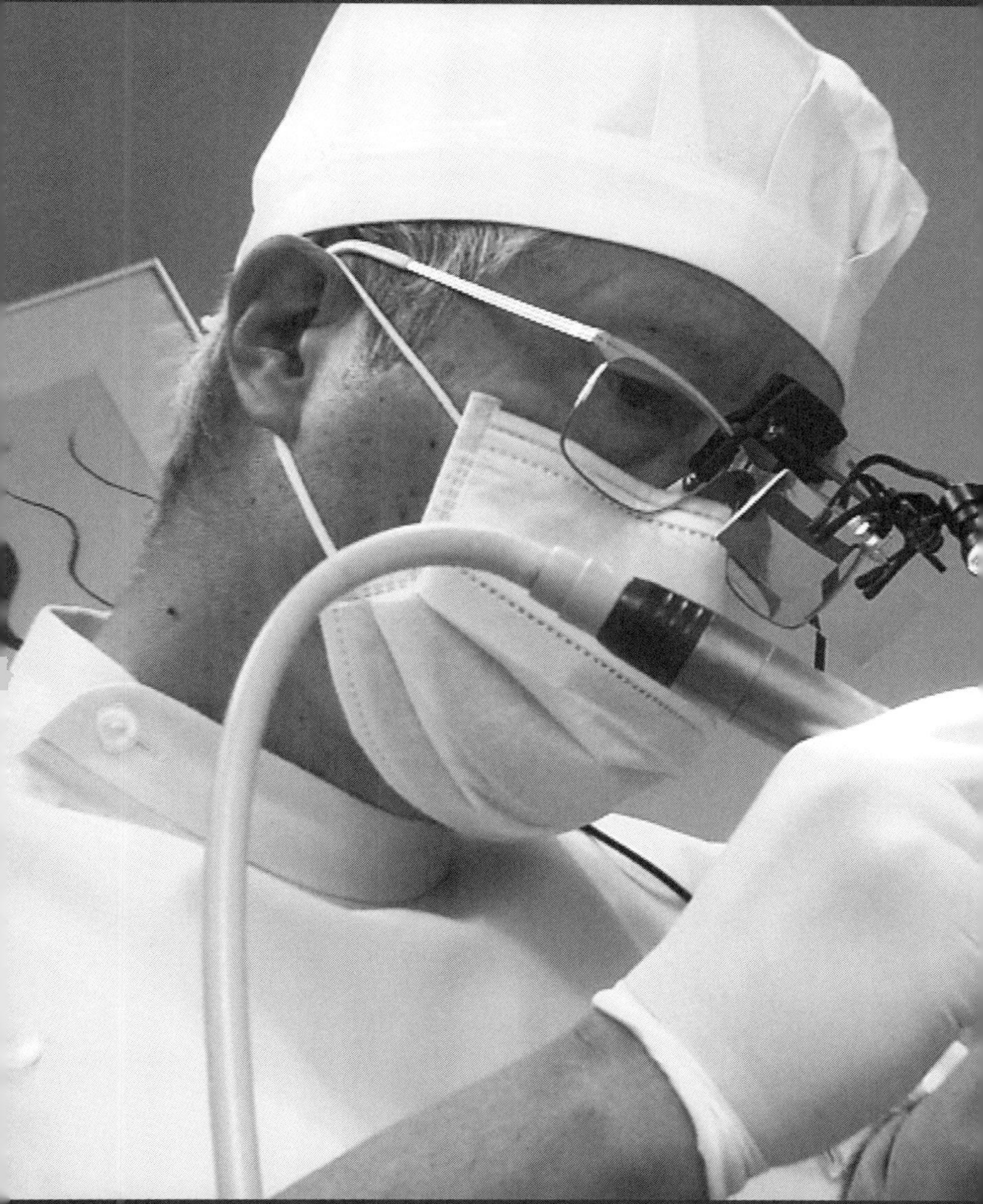

✳予防《よぼう》という医療《いりょう》

朝6時前。

山形県《やまがたけん》酒田市《さかたし》にある歯科診療所《しんりょうじょ》の診察室《しんさつしつ》に、電気がつきました。

歯科医院としては、けた外れに大きな施設《しせつ》です。27部屋ある診察室《しんさつしつ》は、すべて個室《こしつ》。さらに、義歯《ぎし》などをつくるための技工室《ぎこうしつ》、治療《ちりょう》につかう道具類を消毒する滅菌室《めっきんしつ》なども備《そな》えていて、世界でもあまり例がないほどの規模《きぼ》です。

エアコンと照明のスイッチを入れるために、広い診療所《しんりょうじょ》内を回るのは、歯科医、熊谷崇《くまがいたかし》さん。この診療所《しんりょうじょ》の医院長です。

「診療《しんりょう》がはじまる時間には、どの診察室《しんさつしつ》も、患者《かんじゃ》さんやスタッフに快適《かいてき》な状態《じょうたい》になっていないといけないから」

これが、熊谷《くまがい》さんが早おきをする理由。静かな早朝の診療所《しんりょうじょ》に、熊谷《くまがい》さんのスリッパの足音だけがひびきます。

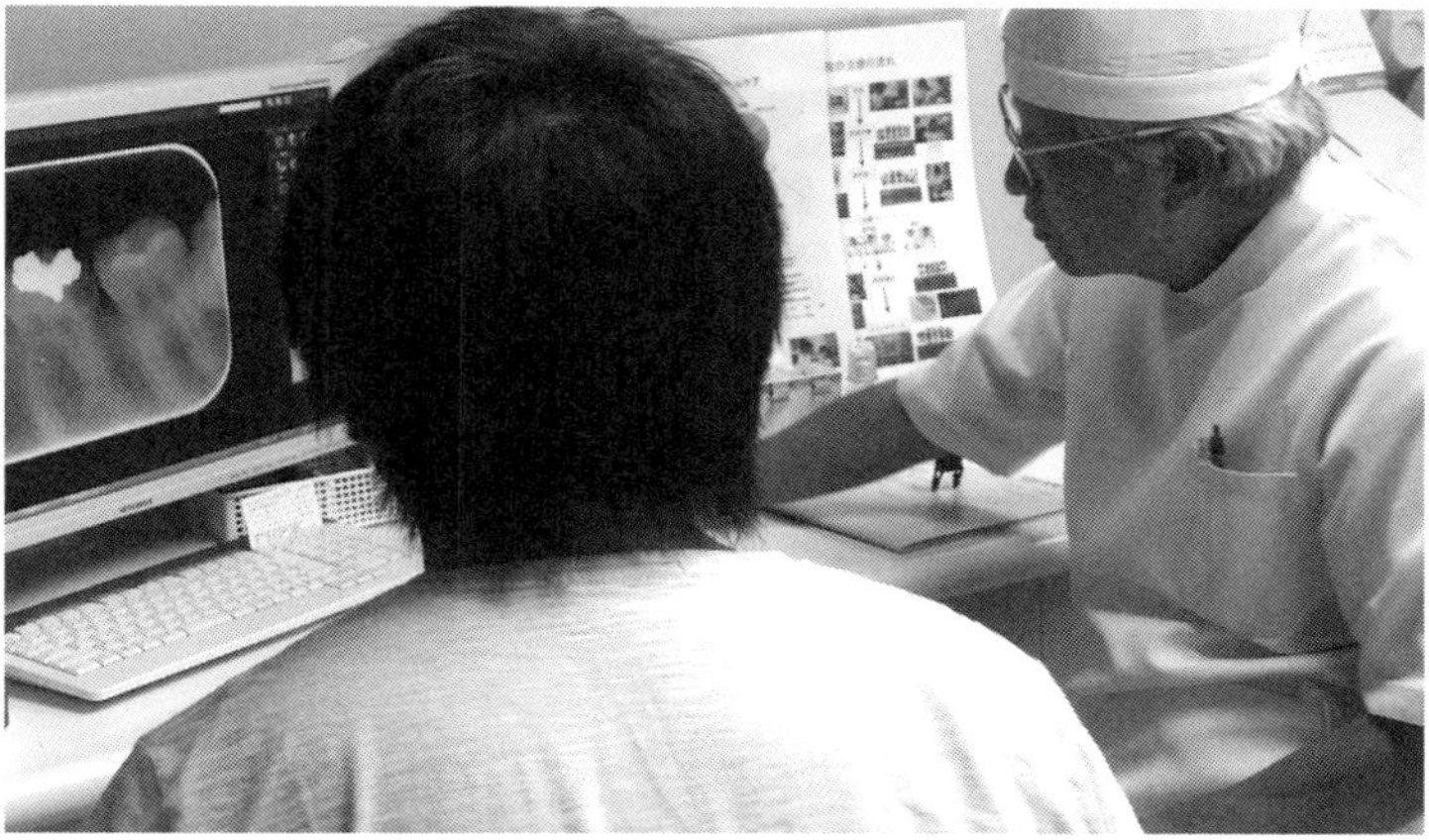

治療《ちりょう》について患者《かんじゃ》さんに説明する熊谷《くまがい》さん。

午前9時に、診療《しんりょう》がはじまりました。

熊谷《くまがい》さんは、患者《かんじゃ》にレントゲン写真を見せながら、虫歯の程度《ていど》と治療《ちりょう》の方針《ほうしん》について説明をしています。

「ここに神経《しんけい》が通っています。このすぐそばまで虫歯が進んでしまっている。神経《しんけい》をとらなくてすむように、その手前、ぎりぎりで止めましょう。神経《しんけい》をとってしまうと、歯の寿《じゅ》命《みょう》は半分になるといわれています。だからなんとしても神経《しんけい》はのこさないとね」

患者《かんじゃ》さんの同意を確認《かくにん》し治療《ちりょう》をはじめます。

熊谷《くまがい》さんは、虫歯の治療《ちりょう》に、歯をけずる機械は最小限《さいしょうげん》しかつかいません。歯の寿命《じゅみょう》を左右するのは、1ミリにも満たない微妙《びみょう》なけずり方のちがい。一度けずってしまったら元にもどすことはできないので、手動の道具を多用して、慎重《しんちょう》に治療《ちりょう》します。こうした熊谷《くまがい》さんの治療技術《ちりょうぎじゅつ》は、世界でも最先《さいせん》端《たん》のものです。

しかし、その技術《ぎじゅつ》よりもさらにすぐれていると評《ひょう》されるのは、虫歯や歯周病の予《よ》防《ぼう》を実現《じつげん》する、独自《どくじ》の取り組み。世界から注目される予防医療《よぼういりょう》です。

痛《いた》くならないための歯医者

熊谷《くまがい》さんがめざすのは、痛《いた》みを治すだけの歯医者ではありません。痛《いた》くなったら行く歯医者ではなく、痛《いた》くならないための歯医者を理想としているのです。

熊谷《くまがい》さんは、これまでの歯科治療《ちりょう》は、患者《かんじゃ》さんの要求にこたえるだけの目先の治《ち》療《りょう》になってしまっていたと言います。そのような治療《ちりょう》は、患者《かんじゃ》さんの生涯《しょうがい》にとってまったく利益《りえき》になっていないこともありました。

「歯科医療《いりょう》は、その場しのぎではなく、歯を長くもたせること、いつまでも自分の歯で食事ができるようにするということを目的にしなくてはいけない。歯を通して、患者《かんじゃ》さんの人生を診《み》ているという意識《いしき》をもつ必要がある」

と、熊谷《くまがい》さんは考えているのです。

はじめてこの診療所《しんりょうじょ》を訪《おとず》れた、ひとりの患者《かんじゃ》さんの治療《ちりょう》を追ってみましょう。

患者《かんじゃ》さんは30代の男性《だんせい》。がまんできないほどではないけれど、虫歯で痛《いた》む歯があると言います。男性《だんせい》の歯の状態《じょうたい》をひととおりチェックした熊谷《くまがい》さんは、

「いろいろと問題がありますね。まず口の中をきれいにするところからはじめて、きれいになったら治療《ちりょう》をしましょう」

と言いました。今日は虫歯の治療《ちりょう》はしないと言うのです。かわりに診察室《しんさつしつ》に入ってきたのは、歯科衛生士《しかえいせいし》。口内の健康状態《じょうたい》を調べ、歯のクリーニングや指導《しどう》をおこなう専門家《せんもんか》です。

熊谷《くまがい》さんがチェックしたところ、男性《だんせい》の歯ぐきは少しはれており、歯には歯ブラシではとれないよごれもたまっていました。このまま治療《ちりょう》をはじめたら治療《ちりょう》後にまた虫歯ができる可能性《かのうせい》があります。だからまず、クリーニングで口の中を虫歯ができにくい状態《じょうたい》に改善《かいぜん》して、それから治療《ちりょう》をおこなう。それが熊谷《くまがい》さんのやり方です。

熊谷《くまがい》さんは、はじめての患者《かんじゃ》さんの診察《しんさつ》の際《さい》に、痛《いた》む歯だけでなくすべての歯のレントゲン写真を撮《と》ります。そしてレントゲン以外にも、歯や歯ぐきの写真を撮影《さつえい》。さらに、必ず唾液検査《だえきけんさ》をおこないます。この男《だん》性《せい》にも、初診《しょしん》でこれらの撮影《さつえい》や検査《けんさ》をしました。

2回目の診察《しんさつ》で熊谷《くまがい》さんは、レントゲンや検査《けんさ》の結果を見せながら、歯や口の中の状態《じょうたい》、虫歯ができる仕組みについて、時間をかけて詳《くわ》しく説明します。

とくにていねいに説明するのが唾液検査《だえきけんさ》の結果。唾《だ》液《えき》には、虫歯菌《むしばきん》がだす酸《さん》を中和する働きがあります。唾液《だえき》を調べると、口の中の状態《じょうたい》が虫歯になりやすいか、なりにくいかがわかるのです。唾液《だえき》の性質《せいしつ》は一人ひとり異《こと》なるため、虫歯になりやすい人、なりにくい人、個人差《こじんさ》があります。この男性《だんせい》にも、虫歯になりやすい

唾液検査《だえきけんさ》に必要な培養《ばいよう》器《き》。口の健康を知るには、唾液検査《だえきけんさ》は欠かせない。

傾向《けいこう》、程度《ていど》についてていねいに説明しました。

3回目の診察《しんさつ》。熊谷《くまがい》さんは、まだ虫歯の治療《ちりょう》に入りません。クリーニングをおこなったあと、顕微鏡《けんびきょう》をつかった映像《えいぞう》で、歯についていた細菌《さいきん》のようすを見せます。実際《じっさい》に生きて動いている細菌《さいきん》の状態《じょうたい》を見せながら、それが歯のあいだや根元にたまって虫歯の原因《げんいん》になる、ということを説明するのです。

こうしたていねいな説明をくり返すのは、患者《かんじゃ》さんに、自分の歯や口の中の状態《じょうたい》をよく知り、意識《いしき》してもらうためです。

自分の歯に、いつ、だれが、どのような治療《ちりょう》をしたのか。ほとんどの患者《かんじゃ》さんがそういったことを把握《はあく》していません。熊谷《くまがい》さんはそれを問題視《もんだいし》しています。だから患者《かんじゃ》さんには、自分の歯の情報《じょうほう》を積極的に提供《ていきょう》します。患者《かんじゃ》さんが自分の歯に関心をもち、自分自身で歯の健康について考えられるようにくふうするのです。

男性《だんせい》にも、細菌《さいきん》の映像《えいぞう》を見せ、細菌《さいきん》と虫歯の関係を説明。さらに自宅《じたく》でのケアのため、歯のあいだの掃除《そうじ》をする、デンタルフロスのつかい方を指導《しどう》しました。

男性《だんせい》の5回目の診察《しんさつ》。

初診《しょしん》から半月が経過《けいか》していました。

熊谷《くまがい》さんが、診察《しんさつ》をおこないます。

「よごれもとれて、口の中がとてもよい状態《じょうたい》になりました。治療《ちりょう》をはじめましょう」

ようやく虫歯治療《ちりょう》の開始です。数回のクリーニングで歯ぐきのはれがひいたので、治療中《ちりょうちゅう》に出血をすることもありません。歯の表面も清潔《せいけつ》ですべりにくいため治《ち》療《りょう》の精度《せいど》も上がります。

「OK、きれいにとれた」

この日の虫歯の治療《ちりょう》は30分で終わりました。

「虫歯の穴《あな》をうめて、みがいておいたので、ちゃんとした歯の形にもどっています。今日からおいしく食べられますよ」

男性《だんせい》の肩《かた》を、ぽんとたたく熊谷《くまがい》さん。

「ありがとうございます」

男性《だんせい》は笑顔を見せました。

男性《だんせい》は、治療《ちりょう》の感想をこう話します。

「こんなにていねいにやってもらったのははじめてです。歯に対する意識《いしき》が変わったかもしれませんね。これまであまり気にしたことがなかったんですが、いまは、食事のあとの歯みがきだけではなくて、夜はフロスなんかもやろうと思います」

治療《ちりょう》が終わるまでに患者《かんじゃ》さんの意識《いしき》を変える。

熊谷《くまがい》さんのねらいどおりの、うれしい変化がありました。

✳パートナーとしての歯科医

熊谷《くまがい》さんの診療所《しんりょうじょ》には、ルールがあります。

それは、患者《かんじゃ》さんは、治療《ちりょう》が終わって歯の痛《いた》みがなくなっても、数か月ごとに通院して、衛生士《えいせいし》によるメンテナンスを受ける、というもの。

永久歯《えいきゅうし》は、一度ぬけてしまったら、絶対《ぜったい》にとりもどせません。そうならないために、メンテナンスが欠かせないと、熊谷《くまがい》さんは考えています。

そもそも、どうして歯はぬけてしまうのでしょうか。

原因《げんいん》の9割《わり》は、歯に、バイオフィルムとよばれる細菌《さいきん》の集合体がたまるためにおこる、虫歯や歯周病。このバイオフィルムは、日常《にちじょう》の歯みがきではとりのぞくことができません。そこで、専門《せんもん》の衛生士《えいせいし》によるメンテナンスが必要になるのです。

この診療所《しんりょうじょ》では、20人の歯科衛生士《しかえいせいし》が継続的《けいぞくてき》に同じ患者《かんじゃ》さんのメンテナンスを担当《たんとう》して、患者《かんじゃ》さんの歯をよい状態《じょうたい》に保《たも》っています。かよってくる患者《かんじゃ》さんのデータはすべて保管《ほかん》。開業以来35年分のこのデータのおかげで、説得力のあるアドバイスができると熊谷《くまがい》さんは言います。

「いろいろな年代の患者《かんじゃ》さんの大量のデータがありますから、それを実績《じっせき》としてしめして、『こういう段階《だんかい》で抜歯《ばっし》したほうがいいですよ』とか、『この歯の状態《じょうたい》ならあと何年もちますよ』とかいうことを、自信をもって説明できるんです」

熊谷《くまがい》さんは、長年のていねいな診療《しんりょう》の積み重ねで、患者《かんじゃ》さんとの信頼《しんらい》関係を築《きず》いているのです。

それでも、虫歯になってしまう患者《かんじゃ》さんはでてきます。

長年、メンテナンスにかよってきていた50代の男性《だんせい》の患者《かんじゃ》さんに、神経《しんけい》に達する

■ 歯がぬけるまで

バイオフィルムをそのままにしておくと、少しずつ歯がむしばまれていき、やがてぬけ落ちてしまう。

❶
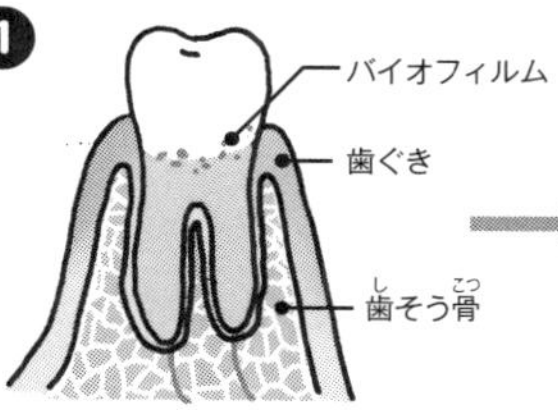

バイオフィルムという細菌《さいきん》の集合体が歯につく。

❷
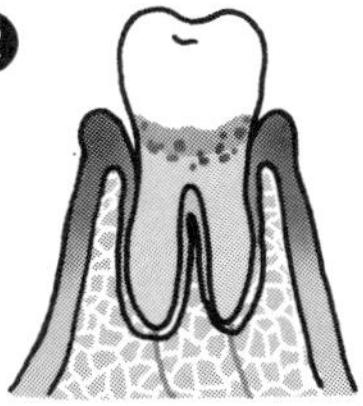

バイオフィルム内の細菌《さいきん》によって、歯肉炎《しにくえん》になる。

❸
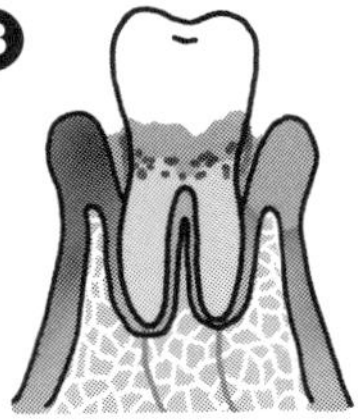

歯と歯ぐきのあいだが大きく開いて歯周ポケットができ、歯周病になる。

❹
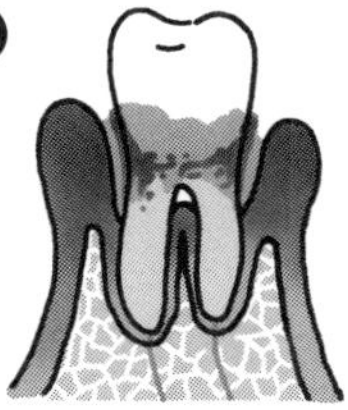

歯周ポケットが深くなって、歯ぐきの炎症《えんしょう》が広がり、歯をささえている歯《し》そう骨《こつ》がとけていく。

❺
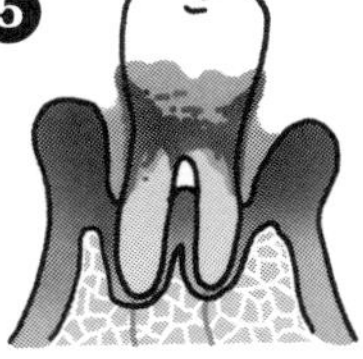

歯根まで細菌《さいきん》におおわれ、歯《し》そう骨《こつ》が破壊《はかい》されて歯がぬける。

ほど深い虫歯ができてしまいました。おどろいた熊《くま》谷《がい》さんは、患者《かんじゃ》さんのデータをすべてそろえて、担《たん》当《とう》の衛生士《えいせいし》をよびます。

　進行した虫歯に、

「ショック……」

と、ことばを失う衛生士《えいせいし》。

「ショックなのは、患者《かんじゃ》さんのほうだよ」

と、ややきびしい口調の熊谷《くまがい》さん。

　定期的なメンテナンスをしていたのに、なぜ虫歯を防《ふせ》げなかったのか。熊谷《くまがい》さんは15年分の患者《かんじゃ》さんのデータを確認《かくにん》しはじめます。そして、やがて、

「プラークが多いね」

と指摘《してき》しました。プラークは、歯の表面につく細菌《さいきん》。これが虫歯や歯周病の原因《げんいん》になります。その患者《かんじゃ》さんの歯の写真は、いつの検査《けんさ》でもうっすらとした黄色のプラ

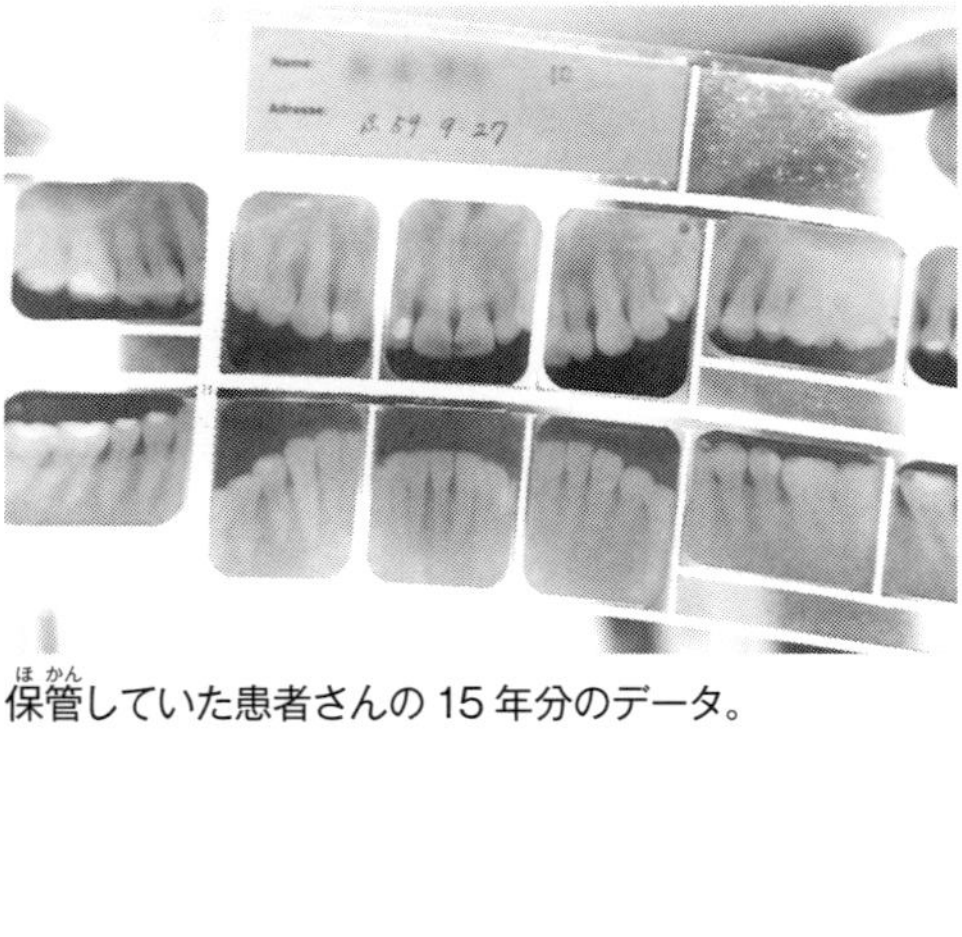

保管《ほかん》していた患者さんの15年分のデータ。

ークが目立ち、歯みがきなど自宅《じたく》でのケアが十分でないことがうかがわれました。

実は担当《たんとう》の衛生士《えいせいし》も、その男性《だんせい》の歯みがきが十分でないことに気づいていました。強く指摘《してき》してこなかったのは、あまりしつこく言いすぎると、メンテナンスにこなくなってしまうかもしれないと心配したからです。でも、その姿勢《しせい》が問題だったと反省していました。

診療所《しんりょうじょ》にその男性《だんせい》がやってきました。熊谷《くまがい》さんは、虫歯の進行をしめすレントゲンを見せながら、自分たちが虫歯を見すごしてしまったことを謝《あやま》りました。

「虫歯にしないためのメンテナンスなのに、申し訳《わけ》ない気持ちです」

そして、15年間撮《と》りためてきた男性《だんせい》の歯の写真を確認《かくにん》しながら、いっしょに問題点を話し合います。

「虫歯になった歯によごれがついているのが見えますね。これが細菌《さいきん》です。歯と歯のあいだにはよごれがたまりやすいので、そこに穴《あな》があいて、たまった細菌《さいきん》が一気に深い虫歯をつくってしまったんだと思います。これを防《ふせ》ぐには、フロスで歯の掃《そう》除《じ》をしないといけない。メンテナンスのときに指導《しどう》を受けていたと思いますが」

「はい……。最近、はじめました」

ちょっとばつが悪そうにこたえる、男性《だんせい》。

熊谷《くまがい》さんは、自分たちがいたらなかった点、患者《かんじゃ》さんの問題点について、どちらも率直《そっちょく》に口にします。あいまいにはしません。

患者《かんじゃ》さんから、逃《に》げない

医療《いりょう》に必要なのは、毎日の真剣《しんけん》な取り組みです。患者《かんじゃ》さんの健康を守るために、医者はつねに、逃《に》げずに、ぶれずに、王道を進まないといけないと熊谷《くまがい》さんは考えています。「正攻法《せいこうほう》」の医療《いりょう》。患者《かんじゃ》さんとの率直《そっちょく》な話し合いも、この正攻法《せいこうほう》のひとつです。

患者《かんじゃ》さんとの話し合いの結果、今後の対策《たいさく》として熊谷《くまがい》さんは、レントゲン撮影《さつえい》を増《ふ》やしてよりきびしいチェックをすることにしました。そして男性《だんせい》には、フロスなどをつかってのホームケアを確実《かくじつ》にすることを求めました。

「こんなふうに虫歯ができるのは、わたしたちにとってもショックなことなんです」

その男性《だんせい》もうなずきます。

「わたしもショックでした。虫歯にならないようにメンテナンスにかよっていたのにって。でも、ケアが足りないと虫歯になることがあるとわかりましたし、これからはしっかりやります。またよろしくお願いします」

ありがとうございました、と笑顔を見せて、男性《だんせい》は帰っていきました。

患者《かんじゃ》さんの歯を守るパートナー、歯科医。

その責任感《せきにんかん》が、熊谷《くまがい》さんの毎日の医療《いりょう》をささえています。

✴曲げない信念

熊谷《くまがい》さんは東京《とうきょう》生まれ。父親が歯科医で、同じ歯科医の道に進みました。

大学5年の授業《じゅぎょう》で欧米《おうべい》の最新の歯科技術《ぎじゅつ》を学び、興味《きょうみ》をかき立てられます。日本ではぬくしかない歯でも、欧米《おうべい》ではぬかずに治療《ちりょう》できる方法が開発されている。

その最先端《さいせんたん》の技術《ぎじゅつ》を身につけようと、勉強に打ちこみました。

腕《うで》をみがき、28歳《さい》のときに横浜《よこはま》に診療所《しんりょうじょ》を開業。最先端《さいせんたん》、最高度の技術《ぎじゅつ》でむずかしい治療《ちりょう》をすると評判《ひょうばん》になり、患者《かんじゃ》さんが押《お》しかけるようになりました。

10年後、転機が訪《おとず》れます。山形《やまがた》県の酒田《さかた》市の開業医だった妻《つま》の父親が亡《な》くなり、熊谷《くまがい》さんは、そこで歯科診療所《しんりょうじょ》を開くことにしたのです。

新しい診療所《しんりょうじょ》がオープン。

自慢《じまん》の技術《ぎじゅつ》で患者《かんじゃ》さんをむかえた熊谷《くまがい》さんでしたが、想像《そうぞう》もしていなかった患者《かんじゃ》さんたちに出会って、とまどいます。

(なんて虫歯が多いんだ……)

横浜《よこはま》の患者《かんじゃ》さんたちと、まったく歯の状態《じょうたい》がちがいました。毎日の歯みがきが十分でないために、歯がぼろぼろになってしまっていたのです。

そのまま治療《ちりょう》を続けても、すぐ虫歯が再発《さいはつ》するのは目に見えています。むくむくと熊谷《くまがい》さんの闘志《とうし》がわいてきました。

(よし、この状態《じょうたい》を改善《かいぜん》しよう!)

まず歯科衛生士《しかえいせいし》による口のクリーニングを徹底《てってい》。そして虫歯予防《よぼう》のための指導《しどう》が終わるまでは、虫歯の治療《ちりょう》は進めないと宣言《せんげん》しました。

これに、酒田《さかた》の患者《かんじゃ》さんたちは強く反発します。

「歯医者は、痛《いた》いところを治してくれればいい」

と主張《しゅちょう》する患者《かんじゃ》さん。

がんとして方針《ほうしん》を曲げない熊谷《くまがい》さん。

話し合いがこじれて、患者《かんじゃ》さんからののしられることもありました。その頃《ころ》のことを、熊谷《くまがい》さんはいまでもにがい気持ちで思いだすと言います。

「なんとか理解《りかい》して欲《ほ》しいと思うから、一生懸命《いっしょうけんめい》本気で話すんです。でも、納得《なっとく》しない人もいる。そういう人が1日ひとり、ふたりいるだけでもすごくつかれてしまう。腹《はら》も立つし、がっかりもするし……。思いだすのもつらいですね」

患者《かんじゃ》さんの多くは、初診《しょしん》のあとぱったりこなくなりました。

診療所《しんりょうじょ》の経営《けいえい》は赤字。スタッフのお給料は、貯金をくずしてはらわなければなりませんでした。

それでも熊谷《くまがい》さんは、考え方を変えようと思えませんでした。ひとつの思いが、熊谷《くまがい》さんをささえていたのです。

免許《ライセンス》をもつ者の責任《せきにん》

熊谷《くまがい》さんは、歯科医の免許《ライセンス》をもつ自分が、その免許《ライセンス》をどう生かすべきか、つねに真剣《しんけん》に考えていました。

地域《ちいき》の人々《ひとびと》の歯の健康を守るためにベストをつくさなければならない。それが熊《くま》谷《がい》さんの考える、ゆるがない義務《ぎむ》でした。そのためには、収入《しゅうにゅう》がへってもののしられてもしかたがない。

やらなければならない。

熊谷《くまがい》さんは、ますます虫歯予防《よぼう》のための仕事に力を入れはじめました。フロスや歯間ブラシのつかい方をわかりやすくしめした写真資料《しりょう》や、歯の健康をテーマにした読み物チラシを山ほど手づくりして配ります。

また、自分自身の勉強にも力を入れました。予防医療《よぼういりょう》が広まっている欧米《おうべい》から研

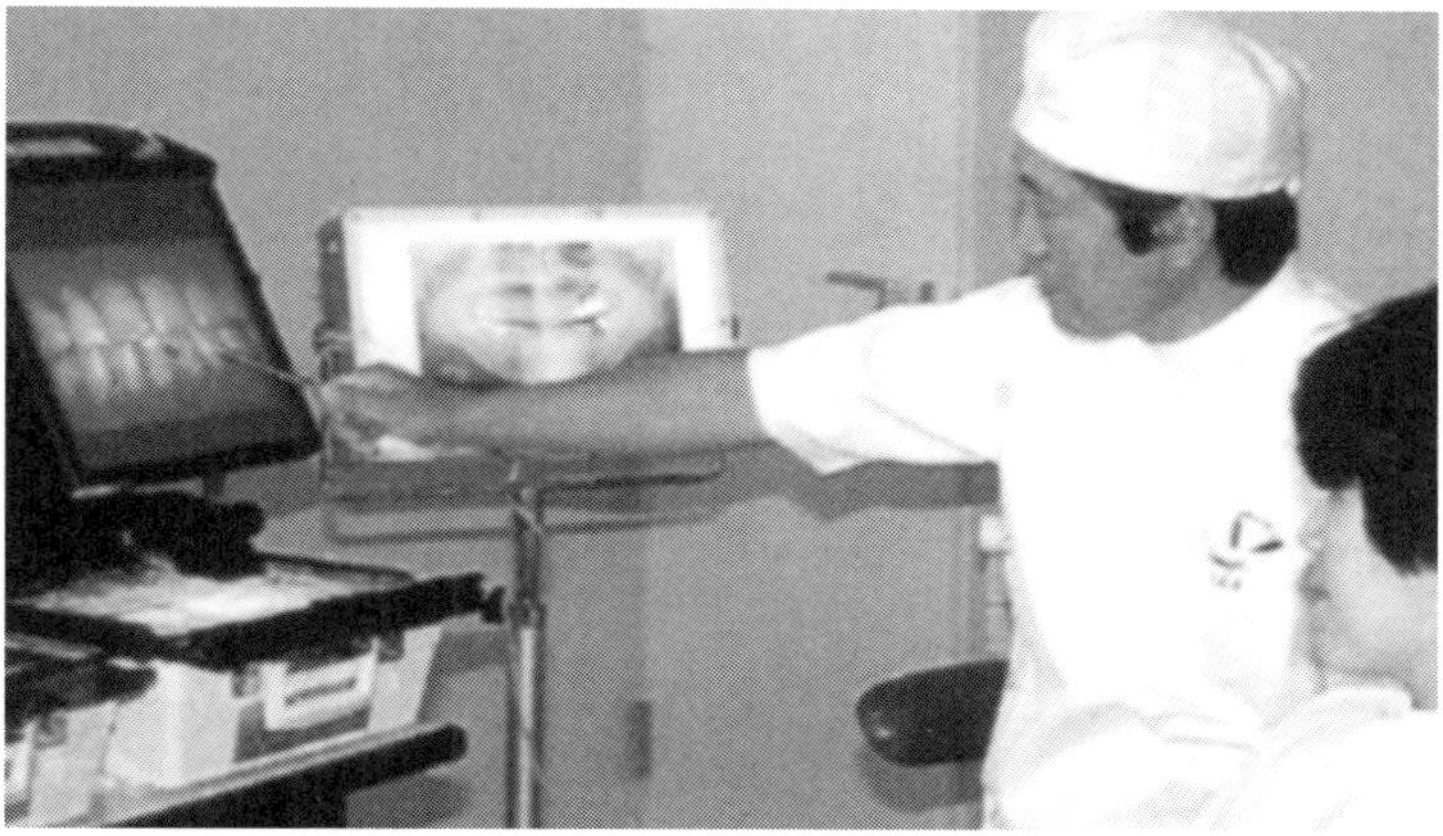

歯科医は患者《かんじゃ》の歯を守るパートナー。その責任感《せきにんかん》が熊谷《くまがい》さんをつき動かす。

究者を招《まね》き、最新の知識《ちしき》や技術《ぎじゅつ》を学びます。

そして患者《かんじゃ》さんひとりひとりに、虫歯のできる仕組み、予防《よぼう》の方法をていねいに説明。ねばり強く、徹底的《てっていてき》な予防医療《よぼういりょう》をおこなったのです。

患者《かんじゃ》さんの半分が、熊谷《くまがい》さんの方針《ほうしん》に納《なっ》得《とく》するまで15年。ほとんどが納得《なっとく》するようになるまでに、さらに5年かかりました。

いやがられ、憎《にく》まれ役になり、それでも信念を曲げず患者《かんじゃ》さんの歯の健康のために35年戦い続けた熊谷《くまがい》さん。その努力の成果が、いまの酒田《さかた》市にあります。

85歳《さい》の男性患者《だんせいかんじゃ》さんは、26年メンテナンスにかよい、23本の自分の歯を維持《いじ》。毎日

３回のフロスを欠かさないと言います。

60歳《さい》の男性患者《だんせいかんじゃ》さんは19年前からメンテナンスにかよいはじめ、悩《なや》みだった口臭《こうしゅう》が解消《かいしょう》されました。26本のこる自分の歯は健康で、悩《なや》みはありません。

お母さんと小さな子どもふたりは、ずっと熊谷《くまがい》さんのメンテナンスを受け、３人とも虫歯になったことがありません。子どもたちはフロスが大好き。

人口11万人の都市、酒田《さかた》市の１割《わり》以上の人が、熊谷《くまがい》さんのところに歯のメンテナンスにかよっています。

熊谷《くまがい》さんの、さらによい医療《いりょう》への意欲《いよく》はおとろえることがありません。

ある大学の研究機関が、唾液《だえき》からガンを発見するという検査法《けんさほう》を開発しました。

患者《かんじゃ》さんに唾液検査《だえきけんさ》をしている熊谷《くまがい》さん。この検査《けんさ》への期待を語ります。

「歯医者で受けるかんたんな検査《けんさ》で、ガンの検査《けんさ》もかねられるということになれば、受ける人は増《ふ》えると思うんです。そうすれば、病気が進行する前に適切《てきせつ》な治療《ちりょう》を受けることができるようになる。患者《かんじゃ》さんにとって、大きなプラスになります」

免許《ライセンス》をあたえられた者の責任《せきにん》。それを追究する道が続きます。

✳志《こころざし》を広める

熊谷《くまがい》さんには、患者《かんじゃ》さんと直接《ちょくせつ》向き合っておこなう医療《いりょう》のほかに、もうひとつ力を入れている仕事があります。

それは、次の世代をになう若《わか》い歯科医を育てること。

そのために熊谷《くまがい》さんは、歯科医療《いりょう》のセミナー（勉強会）を開いており、このセミナーには全国から意欲《いよく》のある若《わか》い歯科医が集まってきます。

セミナーの会場で、ひとりの若《わか》い歯科医が、日頃《ひごろ》の悩《なや》みを話しはじめました。

「わたしがやっていることは、ほとんど治療《ちりょう》のやり直しです。虫歯になったから治して、また虫歯ができて、また治す。こういうことのくり返しでいいのだろうかと思いながら診療《しんりょう》を続けてきました」

再発《さいはつ》をくり返す虫歯の治療《ちりょう》に、疑問《ぎもん》を感じているのです。

熊谷《くまがい》さんは、そんな若《わか》い歯科医たちに2日間かけて、自分が築《きず》き上げてきた予防《よぼう》を基本《きほん》とする医療《いりょう》について伝えます。実際《じっさい》に診療台《しんりょうだい》に座《すわ》って、検査《けんさ》されるという体験をする参加者たち。熊谷《くまがい》さんは、日頃《ひごろ》の診療《しんりょう》の方法やその目的について理解《りかい》を深めてもらおうと、くふうをおしみません。

熊谷《くまがい》さんには、参加者に対する大きな期待がありました。一人ひとりが熊谷《くまがい》さんの理想の医療《いりょう》を身につけて育っていけば、全国に予防歯科医療《よぼうしかいりょう》のネットワークができます。そうすれば、患者《かんじゃ》さんが全国のどこに引っ越《こ》しても「信頼《しんらい》できる歯科医がいる」と紹介《しょうかい》することができるのです。いつでもどこでも患者《かんじゃ》さんの歯を守ることができる。そのためにも、若《わか》い歯科医たちに予防医療《よぼういりょう》で成功してもらいたい、と強く願っているのです。

セミナーの参加者の中に、福岡《ふくおか》県からやってきた歯科医がいます。岡正司《おかまさし》さん。長年総合病院《そうごうびょういん》の口腔外科《こうくうげか》につとめ、歯科医として経験《けいけん》を積んできましたが、自分の歯科医院を開業することを決心。開業に当たって、熊谷《くまがい》さんの予防《よぼう》医療《いりょう》のやり方を全面的に取り入れたいと考えていました。とりわけ熱心に熊谷《くまがい》さんの話を聞く岡《おか》さんを、熊谷《くまがい》さんははげましました。

「なんとしても成功して欲《ほ》しい。ぜひやりぬいてください」

「はい」

岡《おか》さんも、意欲《いよく》に満ちた表情《ひょうじょう》でうなずきます。

自分の哲学《てつがく》を次の世代に伝えることを使命だと考える熊谷《くまがい》さん。

しかし、それは、かんたんなことではありませんでした。


福岡《ふくおか》に帰った岡《おか》さんは、医院のオープンの準備《じゅんび》に大いそがしです。

次々《つぎつぎ》に届《とど》く真新しい機材。唾液検査《だえきけんさ》に必要な培養器《ばいようき》も届《とど》きました。患者《かんじゃ》さんに自分の歯のことを知ってもらうためのものもいろいろそろっていきます。

（もうあともどりはできないぞ）

岡《おか》さんは、準備《じゅんび》のととのいつつある院内を見回して、あらためて自分の理想の歯科医療《いりょう》をつらぬこうと決意していました。

福岡県《ふくおかけん》に開業した岡《おか》さんの歯科医院。

開業の日。

やってきたのは30代の女性《じょせい》。虫歯を治して欲《ほ》しいと言います。岡《おか》さんは、まず、女性《じょせい》にたずねました。

「痛《いた》みはありますか？」

「しみたりします」

痛《いた》みがひどくない虫歯の場合、治療《ちりょう》はあとに回して、まず口の中の状態《じょうたい》をしっかり調べる。それが熊谷《くまがい》さんに教わってきたやり方です。

岡《おか》さんは、その女性《じょせい》にその方針《ほうしん》について詳《くわ》しく説明しました。女性《じょせい》が同意してくれたので、岡《おか》さんはさっそく歯の写真を撮《と》りはじめました。さらにレントゲン撮影《さつえい》。唾《だ》液検査《えきけんさ》もしました。

再発《さいはつ》しない根本的な治療《ちりょう》。そのために患者《かんじゃ》さん自身の歯への意識《いしき》を高めること。岡《おか》さんの説明した方針《ほうしん》に対して、その女性《じょせい》からは好意的な反応《はんのう》がありました。

「こちらにきてよかったです。おばあちゃんになっても、歯を診《み》てもらえる」

「本当に、そのくらいまでおつき合いできるとうれしいです」

なごやかなやりとりがあり、その女性《じょせい》は帰っていきました。

ところが、治療《ちりょう》はその後、うまくいきませんでした。女性《じょせい》の希望に応《おう》じて虫歯の治療《ちりょう》を先に進めたところ、その後のクリーニングにこなくなってしまったのです。

ほかにも課題がでてきました。虫歯で来院した子どものケースです。

岡《おか》さんは、方針《ほうしん》どおり、口の中の写真を撮影《さつえい》するなど十分なチェックをして、そのあとで治療《ちりょう》をはじめたいと伝えました。

しかし、子どもにつきそってきた母親が、子どもは部活動でいそがしいので早く治療《ちりょう》して欲《ほ》しいと希望。岡《おか》さんは、しかたなく検査《けんさ》をせずに虫歯の治療《ちりょう》をおこなったのです。虫歯はとりあえず治せましたが、また虫歯になることを防《ふせ》げるか、疑問《ぎもん》ののこる治療《ちりょう》になりました。

その日の診察《しんさつ》後、歯科医としていっしょに働く妻《つま》が指摘《してき》します。

「医院の方針《ほうしん》があるのに、あれはよくない対応《たいおう》だったよね」

岡《おか》さんはむっとしてこたえました。

「ああいうときにどう対応《たいおう》したらいいか、まだわからないんだよ」

患者《かんじゃ》さんの多くが、いそがしい中時間をつくって来院します。かぎられた時間の中でたくさんの検査《けんさ》を受けさせ、唾液検査《だえきけんさ》では1回3000円の実費を請求《せいきゅう》しなければなりません。

岡《おか》さんは検査《けんさ》の必要性《ひつようせい》に確信《かくしん》をもてずにいました。開業から3か月、唾液検査《だえきけんさ》を実施《じっし》できたのは患者《かんじゃ》さんの1割程度《わりていど》。

熊谷《くまがい》さんのやり方をつらぬくのは、想像《そうぞう》以上にむずかしいことでした。

＊＊＊

熊谷《くまがい》さんの元に、先日のセミナーのあと、診療《しんりょう》がどのように変化したか報告《ほうこく》が集まってきました。これらをもとに、熊谷《くまがい》さんのやり方を実践《じっせん》したときの課題などを話し合うセミナーが予定されています。

福岡《ふくおか》の岡《おか》さんからは、治療後《ちりょう》クリーニングにこなかった、30代の女性《じょせい》のケースが報告《ほうこく》されてきました。その報告《ほうこく》に目を通して熊谷《くまがい》さんが気になったのは、岡《おか》さんの患者《かんじゃ》さんに対する姿勢《しせい》です。

（ずいぶん、患者《かんじゃ》さんの意向に寄《よ》ってしまっているな）

読み進めると、熊谷《くまがい》さんがすすめた唾液検査《だえきけんさ》について、岡《おか》さんが疑問《ぎもん》を感じはじめていることが書かれていました。

（これを乗りこえるのがいちばんむずかしいんだ……）

熊谷《くまがい》さんには、岡《おか》さんの迷《まよ》う気持ちがよくわかりました。

予防医療《よぼういりょう》は、患者《かんじゃ》一人ひとりの意識《いしき》を変える果てしない戦いです。これまで熊谷《くまがい》さんが指導《しどう》してきた500を超《こ》える医院でも、実際《じっさい》に継続《けいぞく》して予防医療《よぼういりょう》に取り組み、成果を上げているのはわずか1割《わり》。

医療《いりょう》者として、患者《かんじゃ》さんを早く楽にしてあげたい、患者《かんじゃ》さんの希望にそいたいという気持ちは大切なものです。

しかし、医療者《いりょうしゃ》にはもうひとつ、とても重要なことがあります。

自分から、逃《に》げない

熊谷《くまがい》さんは、そのことを岡《おか》さんに伝えたいと思っていました。

岡《おか》さんたちセミナーの参加者が、再《ふた》び酒田《さかた》の熊谷《くまがい》さんのところに集まりました。

予防医療《よぼういりょう》への取り組みの中で浮《う》かび上がってきた課題について、一人ひとり報告《ほうこく》していきます。

岡《おか》さんの番になりました。

開業当日に来院した30代女性《じょせい》のケースについて報告《ほうこく》します。

治療《ちりょう》の経緯《けいい》、こなくなってしまったこと……。岡《おか》さんは、患者《かんじゃ》さんから求められたら治療《ちりょう》を優先《ゆうせん》せざるをえないということを説明しました。

熊谷《くまがい》さんが立ち上がって話しはじめます。

「患者《かんじゃ》さんにやさしいということも大切ですが、それでは、患者《かんじゃ》さんにとって本当

セミナーで、歯科医の責任《せきにん》を問う熊谷《くまがい》さん。

に利益《りえき》になる医療《いりょう》を提供《ていきょう》できないかもしれません」

すぐに治療《ちりょう》をはじめることが、患者《かんじゃ》さんの将来《しょうらい》にとって本当によいことか。それを深く考えることこそが、歯科医の責任《せきにん》だと熊谷《くまがい》さんは伝えたいのです。

翌日《よくじつ》も検討《けんとう》が続きました。岡《おか》さんに同行してきた妻《つま》が、

「患者《かんじゃ》さんに有料の検査《けんさ》をさせるのも、なかなかむずかしいです」

と問題を提起《ていき》し、唾液検査《だえきけんさ》について話し合いがはじまりました。

熊谷《くまがい》さんは、唾液検査《だえきけんさ》の有効性《ゆうこうせい》を説明します。

「唾液検査《だえきけんさ》をした患者《かんじゃ》さんとしない患者《かんじゃ》さんでは、虫歯の発症率《はっしょうりつ》に明らかな差があります。唾液検査《だえきけんさ》をすると、虫歯がどうしてできるのか、どうしたら予防《よぼう》できるのか、それを理解《りかい》して予防《よぼう》に取り組めるようになるからです」

岡《おか》さんが手をあげて質問《しつもん》します。

「予防《よぼう》への理解《りかい》や意欲《いよく》を向上させることが目的なら、唾液検査《だえきけんさ》以外の方法でもよいということでしょうか」

「ほかに有効《ゆうこう》な方法があればね。でも患者《かんじゃ》さんにとっては、自分の体の検査《けんさ》の結果なら関心をもちやすいし、唾液検査《だえきけんさ》がいちばんよいと思いますよ」

とこたえて、さらに続ける熊谷《くまがい》さん。

「費用の面からも、虫歯を予防《よぼう》する３０００円というのは高くないと思います」

そして、さまざまな論文《ろんぶん》や症例《しょうれい》を引用しながら、予防《よぼう》についての考え方をくり返しくり返し説明しました。

患者《かんじゃ》さんに予防《よぼう》の必要性《ひつようせい》を理解《りかい》させるためには、何よりもまず、それを必要だと信じる医療者《いりょうしゃ》自身のぶれない志《こころざし》、覚悟《かくご》が必要なのです。熊谷《くまがい》さんは、そのことを身をもってしめそうとしています。

真剣《しんけん》に情熱《じょうねつ》をもって話す熊谷《くまがい》さんの姿《すがた》を、岡《おか》さんはじっと見つめていました。

セミナーが終わったあと、熊谷《くまがい》さんのところに岡《おか》さんが歩み寄《よ》りました。少しすっきりした表情《ひょうじょう》です。

「やるのであれば徹底的《てっていてき》にやって、患者《かんじゃ》さんに確実《かくじつ》に虫歯のことを理解《りかい》させなければいけない、ということですよね」

「そう、それがだいじです。患者《かんじゃ》さんの人生全体を考えて取り組んでください。必ず患者《かんじゃ》さんの将来《しょうらい》に大きな恩恵《おんけい》がありますから」

熊谷《くまがい》さんは、温かい笑顔で岡《おか》さんの手をにぎりました。

「がんばろうね」

「がんばります」

岡《おか》さんにも、やっと元気な笑顔がもどっていました。

もう一歩ふみこんでやってみよう。岡《おか》さんはそう決意しています。

セミナーの参加者が帰っていったあと、熊谷《くまがい》さんは明るい表情《ひょうじょう》で語りました。
「わたしには、彼《かれ》ら医療者《いりょうしゃ》の後ろにたくさんの患者《かんじゃ》さんが見えるんです。医療者《いりょうしゃ》が変われば、患者《かんじゃ》さんもきっと変われる。だから彼《かれ》らにがんばって欲《ほ》しい。きっとやってくれると思います。協力できてよかった」

今日も、たくさんの人が自分の歯でご飯を食べています。
奥歯《おくば》をかみしめて重い機械をあつかう人がいます。
歯を見せて笑う人がいます。
小さな子どもの、働き盛《ざか》りの人の、お年よりの、歯。
たくさんの歯の健康のために、これからも、熊谷《くまがい》さんは挑戦《ちょうせん》し続けるのです。

ぶれない志《こころざし》、革命《かくめい》の歯科医療《いりょう》

熊谷崇《くまがいたかし》

プロフェッショナルとは

あえて困難《こんなん》な道を選び、
先入観や既《き》成《せい》概《がい》念《ねん》にとらわれず
情熱《じょうねつ》をもって、創意《そうい》工夫をして、
ぶれずに目的を達成しようと努力する人。

第242回2014年10月27日放送

こんなところがプロフェッショナル！

信念をもって治療《ちりょう》をおこなう熊谷崇《くまがいたかし》さん。
そのほかにもこんなところがすごいよ。

市民の1割《わり》がメンテナンスにかよう

人口11万人の酒田《さかた》市の1割《わり》以上の人が、熊谷《くまがい》さんの診療《しんりょう》所《じょ》にメンテナンスにかよっています。その結果酒田《さかた》市では、20歳《さい》になるまで一度も虫歯になっていない子や、自分の歯で食事ができるお年よりが多くいます。

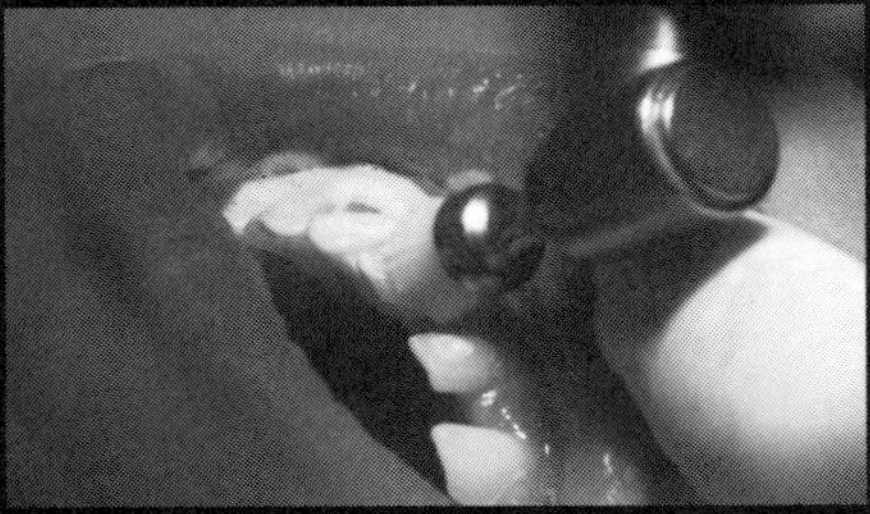

開業以来データを保存《ほぞん》

熊谷《くまがい》さんの医院では、診察《しんさつ》にかよう患者《かんじゃ》さんのデータが開業以来35年分保管《ほかん》されています。このデータを参考にして、確実《かくじつ》な予防《よほう》・治《ち》療《りょう》をおこなうことができるのです。

気に入ったらつきつめる！

一度気に入るとつきつめないと気がすまない性格《せいかく》の熊谷《くまがい》さん。プライベートでもそれは変わりません。納豆《なっとう》の食べ方は、35年研究をくり返し、お気に入りの方法をあみだしたそうです。

若《わか》い医師《いし》に思いを伝え続ける

「虫歯のなりたちと予防《よぼう》は、唾《だ》液検査《えきけんさ》なしにとても教えられない」と強く言いきる熊谷《くまがい》さん。予防医療《よぼういりょう》の大切さを、全国の若《わか》い歯科医に、くり返しくり返し伝えます。熊谷《くまがい》さんは、若《わか》い医師《いし》たちの後ろに患者《かんじゃ》さんの人生を見ています。

プロフェッショナルの格《かく》言《げん》

痛《いた》くならないための歯医者、熊谷崇《くまがいたかし》さんのことばを心にきざもう。

免許《ライセンス》をもつ者の責任《せきにん》

「歯の健康を守るためには、予防《よぼう》が欠かせない」。そのことを地域《ちいき》の人たちに伝え、歯をメンテナンスしていくことが、歯科医の免許《ライセンス》をもつ自分のゆるがない義務《ぎむ》だと、熊谷《くまがい》さんは考えます。

医師《いし》自身のぶれない志《こころざし》と覚悟《かくご》が必要

患者《かんじゃ》さんに予防《よぼう》の必要性《ひつようせい》を伝えていくのはそんなにかんたんなことじゃない。医師《いし》自身がまずそれを必要だと信じる志《こころざし》、覚悟《かくご》が必要です。熊谷《くまがい》さんは若《わか》い医師《いし》たちにそう伝えます。

歯をとおして患者《かんじゃ》さんの人生を診《み》ている

歯科医療《いりょう》はその場しのぎではなく、歯を長くもたせることを目的としなければいけない。歯をとおして、その人の人生を診《み》ている意識《いしき》をもって治療《ちりょう》に取り組まなければならない。これが熊谷《くまがい》さんの歯科治療《ちりょう》です。

建物を変える、街が変わる

建《けん》築《ちく》家《か》

大《おお》島《しま》芳《よし》彦《ひこ》

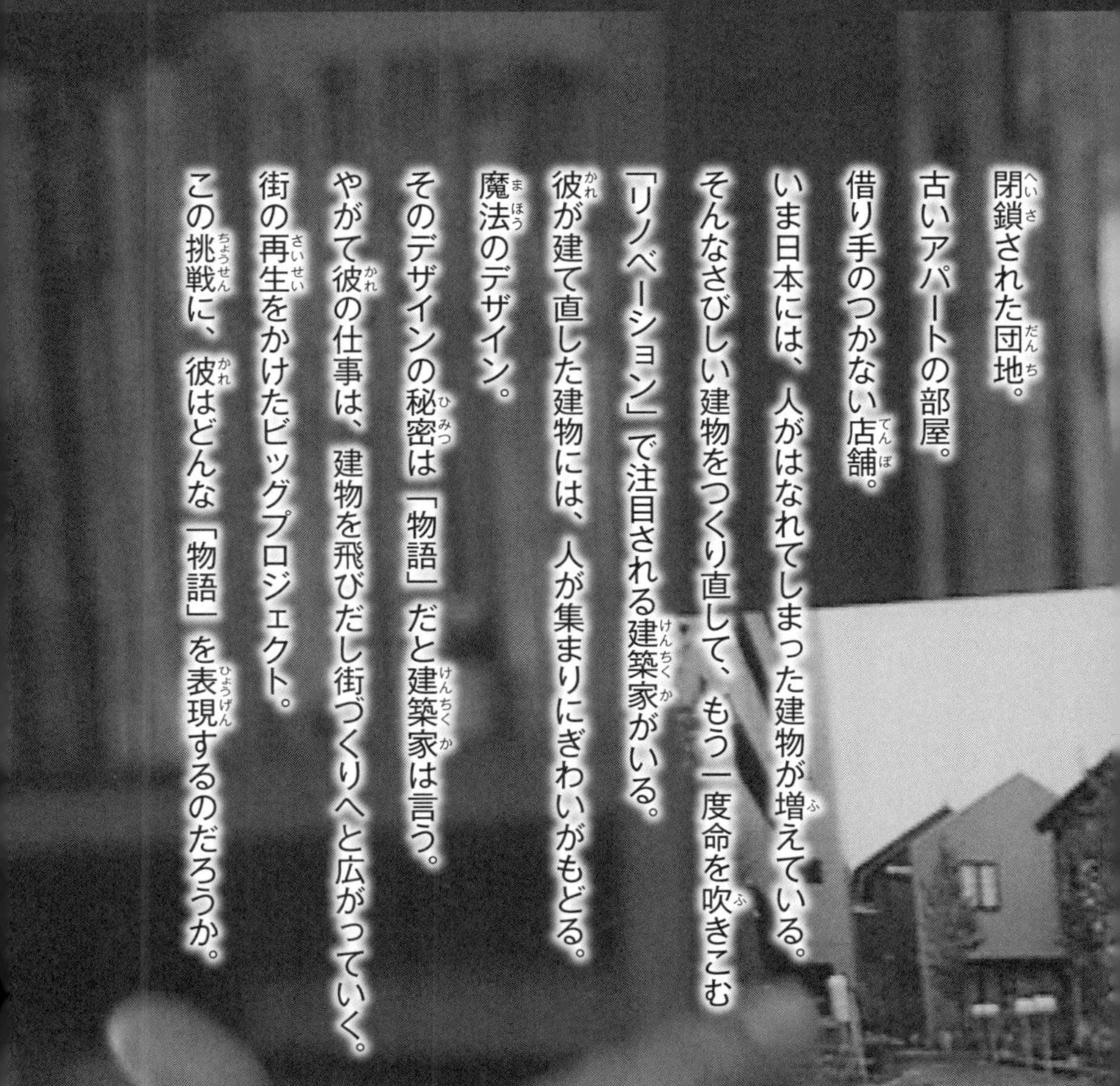

閉鎖《へいさ》された団地《だんち》。
古いアパートの部屋。
借り手のつかない店舗《てんぽ》。
いま日本には、人がはなれてしまった建物が増《ふ》えている。
そんなさびしい建物をつくり直して、もう一度命を吹《ふ》きこむ
「リノベーション」で注目される建築家《けんちくか》がいる。
彼《かれ》が建て直した建物には、人が集まりにぎわいがもどる。
魔法《まほう》のデザイン。
そのデザインの秘密《ひみつ》は「物語」だと建築家《けんちくか》は言う。
やがて彼《かれ》の仕事は、建物を飛びだし街づくりへと広がっていく。
街の再生《さいせい》をかけたビッグプロジェクト。
この挑戦《ちょうせん》に、彼《かれ》はどんな「物語」を表現《ひょうげん》するのだろうか。

✳建物をよみがえらせる魔法《まほう》

東京《とうきょう》の朝の通勤《つうきん》時間帯。一生懸命《いっしょうけんめい》自転車をこいでいく人がいます。仕事場に到着《とうちゃく》して自転車をおりたその人に、どうして自転車出勤《しゅっきん》なのか聞くと、

「電車のラッシュが苦手なんです。それに自転車だと、坂道とか川とか地形を感じることができるから」

という答え。

少し息を切らしながら、事務所《じむしょ》への階段《かいだん》を上っていくこの人は、建築家《けんちくか》の大島芳彦《おおしまよしひこ》さん。「リノベーション」の達人として知られています。

大島《おおしま》さんの事務所《じむしょ》は東京《とうきょう》にありますが、大島《おおしま》さんが自分の机《つくえ》に座《すわ》っていることはほとんどありません。手がけている物件《ぶっけん》はつねに20件《けん》以上。いそがしく日本全国のあちこちに出かけて、打ち合わせや調査《ちょうさ》をしています。

建物をつくり直すということばに「リフォーム」がありますが、これは、建物の

建物を変える、街が変わる

大島芳彦《おおしまよしひこ》

古くなったり都合に合わなくなったりした部分を、新しいものに変えたり、都合に合うように変えたりして直すこと。

一方、「リノベーション」は、英語の「re」（再《ふたた》び、新しく）と、「innovation」（新しいものの導入《どうにゅう》、革新《かくしん》）が合わさったことば。同じつくり直しでも、建物に新しい目的や価値《かち》をあたえてつくり直すという点がリフォームと異《こと》なります。

つくり直しなので、古い建物をすっかりとりこわしてしまうことはせず、骨組《ほねぐ》みなどつかえる部分はのこしてつかいます。

一般的《いっぱんてき》に、新築《しんちく》にくらべて建築《けんちく》にかかる費用が安く、環境《かんきょう》への負担《ふたん》も少ないといわれています。

元の建物のつかえる部分を生かしながら、新しいつかいみちや役割《やくわり》、魅力《みりょく》をもった建物として、大胆《だいたん》に生まれ変わらせるのがリノベーションなのです。

大島《おおしま》さんの手がけたリノベーション物件《ぶっけん》の代表的なもののひとつに、神奈川《かながわ》県のホシノタニ団地《だんち》があります。

ここは、もともと、鉄道会社の社宅《しゃたく》として建てられた団地《だんち》でしたが、古くなって閉鎖《へいさ》されてしまっていました。とりこわして新築《しんちく》することも検討《けんとう》されていた人気《ひとけ》のない団地《だんち》。しかし大島《おおしま》さんは、まだこの建物は死んでいないと信じ、リノベーションに着手しました。

建物の部屋は、間取りを変えて広いひと間につくり直すなど、住む人が自由にアレンジできるように改修《かいしゅう》。また、建物の中に子育て支援施設《しえんしせつ》なども設《もう》けました。

建物だけではありません。団地《だんち》の周囲を囲っていたフェンスをとりのぞいて、地域《ちいき》の人が行き来できるように広い敷地《しきち》を開放。その中に、地域《ちいき》の住民に見守られながら子どもが安心して遊べる庭や、農園、ドッグランなどもつくりました。

こうして大島《おおしま》さんの手によって生まれ変わったホシノタニ団地《だんち》には、入居《にゅうきょ》の申しこみが相次ぎます。周辺地域《ちいき》からも自然に人が集まりはじめ、交流が生まれて、にぎわいをとりもどしました。

2016年には、このホシノタニ団地《だんち》が、暮《く》らしや社会を豊《ゆた》かにするデザインにおくられるグッドデザイン賞金賞を受賞しています。

ホシノタニ団地《だんち》のリノベーション例

団地《だんち》内の道と広場を、だれでも通れるいこいの広場にデザインしなおした。

フェンスに囲われていた敷地《しきち》を開放し、街にとけこませた。

コンクリートの駐車場《ちゅうしゃじょう》を、芝生《しばふ》にして子どもの遊び場にした。

そんな大島《おおしま》さんが、大阪《おおさか》にあるビルのリノベーションを依頼《いらい》されました。そして、そのプランについて、物件《ぶっけん》の持ち主に説明をするため大阪《おおさか》を訪《たず》ねます。

物件《ぶっけん》は、大阪市《おおさかし》のビジネス街にある40年以上前に建てられたビル。れんがの外装《がいそう》に、丸みのある窓《まど》の並《なら》んだレトロなビルです。

かつては、便せんやはがきなどの紙製品《かみせいひん》をあつかう会社の本社ビルでした。しかし、古くなってあちこちいたみ、エレベーターもないため、物件《ぶっけん》としての評価《ひょうか》が下がってしまっています。

ビルの持ち主は、会社の創業者《そうぎょうしゃ》である父親が建てたこのビルに愛着がありましたが、古く不便なことからつかいみちにこまっていました。そこで、大島《おおしま》さんにリノベーションを依頼《いらい》したのです。

大島《おおしま》さんはまず、ビルを建てた父親に対する、依頼者《いらいしゃ》の深い尊敬《そんけい》の気持ちを大切にしました。そこで考えたのは、父親の思いを受けつぐビルのつかいみちです。

調べてみるとこのビルは、社員たちが家族のような関係を築《きず》けるようにと願って建てられたということがわかりました。ビルの中には、社員のための寮《りょう》や食堂があり、社員同士がふれ合えるよう気を配っていたといいます。

大島《おおしま》さんはその思いをくみとって、ビルをシェアオフィスにすることを提案《ていあん》しました。シェアオフィスとは、個人《こじん》で仕事をする人や会社の外で働く人が、いっしょにつかえる仕事場。さらに、別々《べつべつ》の仕事をする人同士が同じ価値観《かちかん》の元に交流し、つながり合える場にすることで、このビルにこめられた思いを生かすことができると考えたのです。

依頼者《いらいしゃ》は、このアイデアに喜びました。

「建物の歴史を、建物に反映《はんえい》させようと言ってくれる人は、いままでいませんでした。そういうことをだいじに生かしてもらえるんですね」

「父の思いが活かされるということが、本当にうれしいです」

「物語」をひきつぐ

これが、大島《おおしま》さんがリノベーションの際《さい》に、もっとも大切にしていることです。

建物には、それぞれ歴史があります。それは、だれがどのような思いで建てて、どのようにつかっていたかという「物語」です。

その物語をひきつぐということ。建物にこめられた人々《ひとびと》の思いを理解《りかい》し、それをいまもっともふさわしい形にアレンジして、建物にこめ直すのです。そうすることでその建物は、特別な価値《かち》や魅力《みりょく》をもった物件《ぶっけん》になると、大島《おおしま》さんは考えるのです。

大島《おおしま》さんは、さらに提案《ていあん》をしました。

建物の模型《もけい》をとりだして、1階部分をさししめしました。

「ここをカフェにしましょう」

もともとは倉庫だった1階を、地域《ちいき》の人たちもふくめて交流できるカフェとしてつくり直すというアイデアでした。

商品の出し入れのために、出入り口を大きく開放できるようにつくられていた倉庫の構造《こうぞう》を、うまく活かすことができます。

「外の人にももちろん入ってもらえるお店ですが、このビルのシェアオフィスで働く人にとって、『いってらっしゃい』『お帰りなさい』と言ってくれるような、ほっとできる場所になればいいかな、と思うんです」

そう説明する大島《おおしま》さんは、カフェを切り盛《も》りする候補者《こうほしゃ》まで、探《さが》してありました。

✷リノベーションスクール

いま、日本各地で空き家が増《ふ》えています。住む人、つかう人のいない建物は、手入れが行き届《とど》かず早くいたみ、動物がすみつくなど、地域《ちいき》の問題になることがあります。こうした空き家をへらすために、大島《おおしま》さんが力を入れている活動があります。「リノベーションスクール」。地域《ちいき》の人々《ひとびと》を集めて、空いている建物のつかい方などを話し合い、アイデアをだし合って、リノベーションを実施《じっし》する取り組みです。

いま課題としてとり上げられているのは、和歌山《わかやま》市中心部の水路ぞいの古い空き店舗《てんぽ》。この店舗《てんぽ》の再生《さいせい》に挑戦《ちょうせん》するのは、地域《ちいき》の若《わか》い人たちです。実際《じっさい》の建物を、参加者たちといっしょに見に行った大島《おおしま》さんは、店舗《てんぽ》の裏側《うらがわ》から外をのぞいて、

「川にせりだしているんだね、ここは」

と、建物の特徴《とくちょう》を参加者たちと確認《かくにん》します。

この川ぞいの古い建物に、見のがされている価値《かち》はないか。どのような活用法が考えられるか。３日間かけて探《さぐ》っていくのです。

大島《おおしま》さんがこのスクールでもっとも大切にしているのは、みんなでとことん議論《ぎろん》し、知恵《ちえ》をだし合うことです。

ミーティングでは、ホワイトボードに、参加者たちが自分のアイデアを次々《つぎつぎ》にはっていきます。

周辺の地域《ちいき》の特徴《とくちょう》の欄《らん》には、「公園が近い」「幼稚園《ようちえん》がある」「大通りが近い」「川がある」「通り名称《めいしょう》の由来」「むかしは市場だった」「江戸《えど》時代の堀《ほり》」……。

建物のつかいみちの欄《らん》には、「宿」「ゲストハウス」……。

たくさんのメモがボードをうめていき、いろいろな意見がでてきます。大島《おおしま》さんは、ときどきアドバイスしながら見守っています。

建築《けんちく》のプロでない人たちの考えるリノベーションで、よい結果を生むことなどできるのでしょうか。

大島《おおしま》さんは大きくうなずきます。

大島芳彦《おおしまよしひこ》

街を変える「主人公」をつくる

「これまで、建物や環境《かんきょう》はだれかがつくってくれて、自分はそこで暮《く》らすだけ、という意識《いしき》の人が多かったと思います。地域《ちいき》に対する当事者意識《いしき》がなかった。リノベーションスクールは、自分たちの地域《ちいき》について集中して考える場です。そこには、街に対する発見、人とのつながりについての発見が必ずあります。そういう気づき、意識《いしき》が、リノベーションにとって重要なんです」

全国の空き家を見てきた大島《おおしま》さんは、人のつながりが切れたときに建物は死んでしまう、と考えています。建物をつかう人が、建物にもその地域《ちいき》にも愛着や誇《ほこ》りをもっていれば、建物は命を保《たも》つことができる。そしてその意識《いしき》は、建物の持ち主だけでなく、その地域《ちいき》の人たちも共有することが必要なのです。

建物のために人の意識《いしき》を育てる。街を変える「主人公」をつくる。それがこのリノベーションスクールのねらいでした。

水路ぞいの空き店舗《てんぽ》の活用法について、プランを発表する日がやってきました。その店舗《てんぽ》を、どのような目的で、どのようにつくり直して、どのように活用するかを建物の持ち主や近隣《きんりん》の人たちに提案《ていあん》するのです。

「よろしくお願いします！」

チームの代表者は若《わか》い男性《だんせい》です。元気いっぱいのあいさつで発表をはじめました。

「2階は外国人旅行者向けの宿泊施設《しゅくはくしせつ》にします。そして、1階はコミュニティダイニングにして、食事をしながら宿泊者《しゅくはくしゃ》も地域《ちいき》の人もふくめて、いろいろな人たちが交流できる場にします」

スライドに映《うつ》しだされたイラストには、2階建ての建物の断面図《だんめんず》がえがかれ、2階にはソファーなどがあるゆったりした部屋。1階には大きなテーブルと楽しそうな大勢《おおぜい》の人がかきこまれていました。

「2階の人は、ほら、見てください、水路の向こうの家の人と糸電話でおしゃべりをしているんです」

会場から笑い声がおこります。

チームが提案《ていあん》したプランのイラスト

そして、イラストの端《はし》のほうには、建物の横をとおる水路とそこに浮《う》かぶ船。これもプランの一部です。

「裏《うら》の水路をきれいに整備《せいび》して、船を運航します。このリノベーションで、水路も地域《ちいき》の特徴《とくちょう》として活用したいんです。このプランのご検討《けんとう》をお願いいたします」

拍手《はくしゅ》がおこり、建物の持ち主が立ち上がりました。

「すばらしいね！　夢《ゆめ》がえがけます。この絵を見ていたら、どきどきしてきますよ。可能性《かのうせい》あるんじゃないか、と思えます。ぜひこれで進めて欲《ほ》しいと思います」

うれしそうな表情《ひょうじょう》です。

プロジェクトは、さらに一歩進めることになりました。大島《おおしま》さんもうれしそうに笑っています。

「毎回、知らない所で知らない人とたくさん会って、あれこれ考えて、へとへとになりますが、ぼくにも本当にいい勉強になる。かけがえのない時間です」

その努力のかいがあって、またひとつ建物が生まれ変わるチャンスを得て、たくさんの主人公が生まれたのです。

✴リノベーションへの目覚め

大島《おおしま》さんの家は、建物を賃貸《ちんたい》する不動産管理業を営《いとな》んでいました。しかし、家の仕事に興味《きょうみ》がなかった大島さんは、美術《びじゅつ》大学に進学し建築学《けんちくがく》を専攻《せんこう》します。

その頃《ころ》の日本は、土地や建物の価格《かかく》がどんどん上がる好景気。ぜいたくではでな暮《く》らしを楽しむ人がたくさんいました。そういった生活に魅力《みりょく》を感じなかった大島《おおしま》さんは、あるとき、戦後アメリカ軍がつかっていた古い住宅《じゅうたく》を見て、

建物を変える、街が変わる

大島芳彦《おおしまよしひこ》

（ここに住んだら楽しいかも）

と思いつきます。

家賃《やちん》5万円を友だちと半分ずつだし合って、その古い家に住みはじめた大島《おおしま》さん。こわれたところを自分たちで修理《しゅうり》したり、さらに壁《かべ》に絵をかいたり、庭に置物を飾《かざ》ったり、住まいを自由にアレンジして楽しみます。やがてその家は、地域《ちいき》の子どもたちが遊びにくるような人気の建物になりました。

大学卒業後は、大手の建築設計事務所《けんちくせっけいじむしょ》に入社しました。独創的《どくそうてき》なデザインの建物をつくろうと、仕事に夢中《むちゅう》になります。

2年ほどたった頃《ころ》、父親から相談をもちかけられました。所有する物件《ぶっけん》の多くが、古くなって空き家が目立ちはじめ、こまっているというのです。

借りる人がいくらでもいたはずの物件《ぶっけん》が。大島《おおしま》さんはショックを受けました。

（建物は、時代の変化でこんなにかんたんに価値《かち》を失ってしまうのか……）

それまでの大島《おおしま》さんは、ありきたりでない建物を新しくつくりだすことを夢見《ゆめみ》ていました。しかし実際《じっさい》の社会では、新しい建物に押《お》しだされるように、古い建物があまってしまっていたのです。

大島《おおしま》さんは、建築《けんちく》の仕事をしていたのに、家の仕事である不動産の現状《げんじょう》に無関心だったことを後悔《こうかい》しました。

そのとき思いだしたのが、学生時代に住んだあの古い米軍住宅《じゅうたく》でした。

（建物は古かったけど、自分で改修《かいしゅう》して住むのはすごく楽しかったな）

その頃《ころ》の気持ちを思いだしながら、大島《おおしま》さんは、父親が所有していた古い物件《ぶっけん》のひとつを自分で改修《かいしゅう》してみました。

キッチンと小さな畳《たたみ》の部屋ふたつという古いアパートの部屋を、間取りを思いきって変え、大きなひと間の中にキッチンをおいたつくりに。

すると、家賃《やちん》８万９０００円でも借り手がつかなかった部屋に、12万円で借り手がつきました。

大島《おおしま》さんは直感します。

（これからは古い建物を活かす時代だ！）

自分の家の仕事である不動産と、自分が楽しいと感じるものが、ひとつになりま

父親が所有していた古いアパートの部屋（上）を、おしゃれなキッチンとダイニングのあるリビングに改修《かいしゅう》した（左）。

した。大島《おおしま》さんは、際限《さいげん》なく新しいモノをつくりだすような量を求める豊《ゆた》かさではなく、すでにある建物や環境《かんきょう》で、どうやって暮《く》らしを豊《ゆた》かにしていくか、ということの追求に大きな楽しみとやりがいを見いだしたのです。

大島《おおしま》さんは、つとめていた建築設計事務所《けんちくせっけいじむしょ》をやめ、友だちといっしょにリノベーションを軸《じく》にした事業をはじめました。

古い建物を直して新しい魅力《みりょく》ある物件《ぶっけん》に。大島《おおしま》さんたちが手がけるリノベーションの斬《ざん》新《しん》なデザインは、注目を集めるようになりました。依頼主《いらいぬし》から、

「間取りもつかいみちも全部まかせるから、好きなようにしてください」

と言われ、自由に腕《うで》をふるいます。

仕事は順調なように思えました。

ところが、やがて残念なことがおきます。

せっかくリノベーションした物件《ぶっけん》が、乱暴《らんぼう》にあつかわれ、わずか数年でまた借り手がつかないような状態《じょうたい》にもどるということが続いたのです。

原因《げんいん》について深く考えた大島《おおしま》さん。

ひとつ思い当たることがありました。

それは、建物に対する持ち主の思いを変えられていなかったのではないか、ということでした。

持ち主の思いも変える

持ち主から「あなたにまかせる」と言われたとき、大島《おおしま》さんはその信頼《しんらい》をうれしく思っていました。しかし、その「まかせる」は、当事者意識《いしき》のなさ、人まかせという姿勢《しせい》のあらわれではなかったか？　大島《おおしま》さんは「まかせる」は、けっしてよいことではなかったのだ、と気づきます。

重要なのは、建物を変えることだけではありませんでした。建物の持ち主の、その建物に対する思い。それが変わらなければ、形をどれほど変えても建物は変わらないのです。

それ以来大島《おおしま》さんは、リノベーションに際《さい》して、依頼主《いらいぬし》との話し合いをだいじにするようになりました。建物やその持ち主の家族のこと、歴史。徹底《てってい》して掘《ほ》り下げて話を聞きます。

そうすることで、建物やその土地のあり方を持ち主とともに考え、思いを育んでいくことができるようになりました。

たとえば、あるマンションのリノベーションの工事では、マンションの持ち主は古くなった建物のかんたんな改装《かいそう》を大島《おおしま》さんに依頼《いらい》していました。ところが、じっくり話を進めるうちに、大島《おおしま》さんは部屋の改装《かいそう》だけでなく、建物の目の前にある駐《ちゅう》車《しゃ》スペースを公園にして地域《ちいき》の人々《ひとびと》に開くことを提案《ていあん》したのです。

「部屋を少しきれいにして欲《ほ》しいだけです。そんなことお願いしてません」

と言う依頼者《いらいしゃ》を、大島《おおしま》さんは熱心に説得しました。

「部屋をきれいにするだけではなく、マンションにあるつかわれていないスペースに、地域《ちいき》の人たちにも協力してもらっていっしょに公園をつくれば、地域《ちいき》の交流を活発にし暮《く》らしをよりよいものにできます。そしてつくる段階《だんかい》から街に開くことで、地域《ちいき》の暮《く》らしの当事者を生み、共感者を育むんです。このプロセスが、マンションの価値《かち》を上げることにも必ずつながります」

はじめは乗り気でなかった依頼主《いらいぬし》でしたが、公園に植える1本1本の木の種類、費用のこと、地域《ちいき》の人々《ひとびと》をまきこむ方法までも考えてくる大島《おおしま》さんの熱意に、次第に動かされていったと言います。

「プランを見ているうちに、なんだかここに住みたくなってしまったんです。子どもの頃《ころ》、公園で遊んでいると、すぐそばの部屋から『ご飯よー』ってよんでもらえる、そういう暮《く》らしが夢《ゆめ》だったな、と思いだして」

子どもの頃《ころ》の夢《ゆめ》をかなえるマンション。そう話す依頼者《いらいしゃ》は、やさしい笑顔でした。

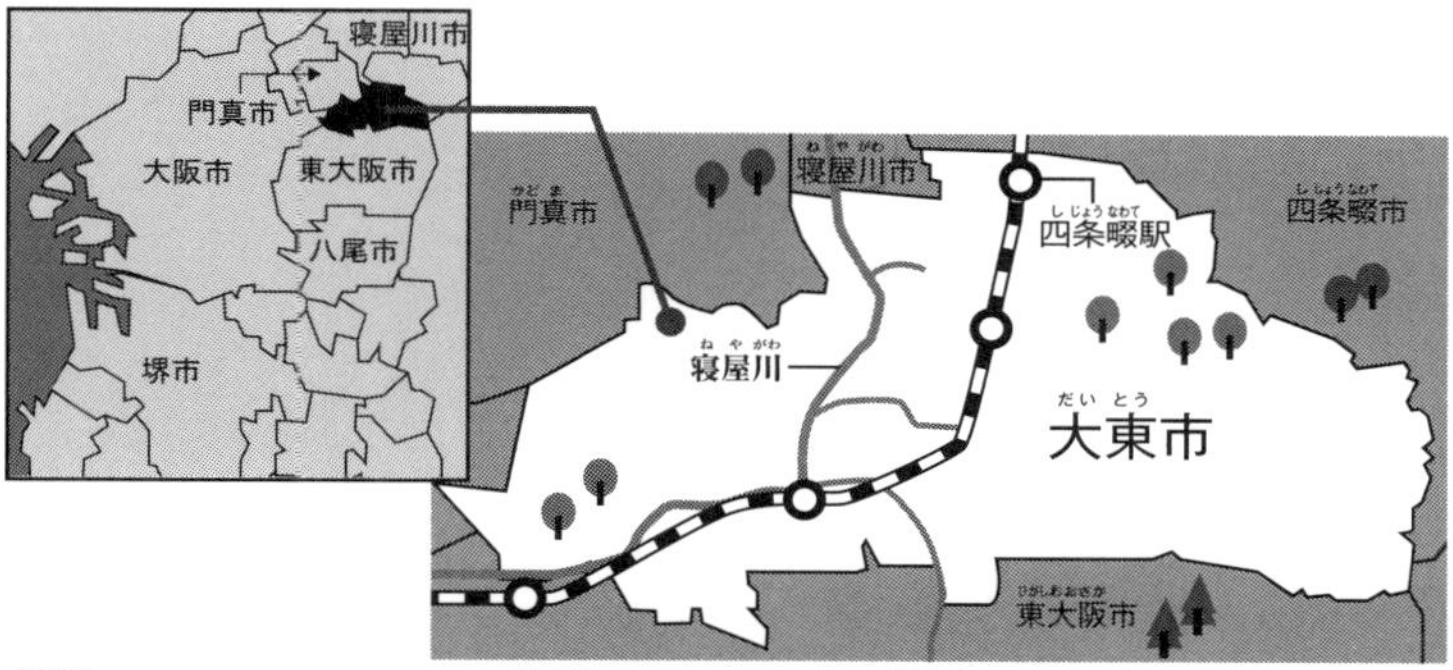

大阪《おおさか》市のすぐとなりにある大東《だいとう》市。急速な人口減少《げんしょう》が進む。

街づくりへの挑戦《ちょうせん》

リノベーションで、建物の価値《かち》を大きく変えて注目をあびる大島《おおしま》さんのところに、いままでにない大きな規模《きぼ》の仕事の依頼《いらい》が届《とど》きました。建物だけでなく、街全体をリノベーションする、というビッグプロジェクトです。

依頼主《いらいぬし》は、大阪《おおさか》市の東に位置する大東《だいとう》市。急速な人口減少《げんしょう》に悩《なや》んでいる街です。市内には、高度経済《けいざい》成長期に建てられた市営住宅《しえいじゅうたく》がありますが、古びて空室が目立ちます。住民の高齢化《こうれいか》も進んでいる街になんとか活気をとりもどしたい。大島《おおしま》さんは、この街の再生《さいせい》のためのリノベーションに挑《いど》むことになったのです。

大東市《だいとう》は、人口を増《ふ》やすために子育て世代の家族にここに住んで欲《ほ》しいと考えています。そのために解決《かいけつ》すべき問題は何か。もともともっている地域《ちいき》の魅力《みりょく》は何か。それを理解《りかい》した上で、新しい街の姿《すがた》を考えなくてはなりません。そのことを大島《おおしま》さんは、

「街と人との関係をもう一度デザインし直す」

と表現《ひょうげん》しました。

5年がかりのチャレンジがはじまります。

大島《おおしま》さんは、大東市《だいとう》の地形や市内の交通量、人の動きを、5か月かけて詳《くわ》しく調べました。そしてまず、市北部の北条地域《ほうじょうちいき》から検討《けんとう》をはじめることにしました。事務所《じむしょ》のスタッフとのミーティングで、大島さんは地図の上の国道をしめします。

「この国道はけっこう交通量がある。だから、この国道から見える北条《ほうじょう》エリアは、大東市《だいとう》の顔になりそうだね。そのことを意識《いしき》しよう」

北条地域《ほうじょうちいき》は、飯盛山《いいもりやま》の麓《ふもと》に広がるゆるやかな傾斜地《けいしゃち》。商店街はなく、住民は外に

建物を変える、街が変わる

大島芳彦《おおしまよしひこ》

買い物に出るため、人の行き来は活発とはいえません。しーんとした、さびしい雰囲気《ふんいき》がありました。

とくに手当てが必要なのは、国道沿《ぞ》いの市営住宅《しえいじゅうたく》です。あちこちさびついて、敷地《しきち》内には背《せ》ののびた雑草《ざっそう》。住む人の少ないがらんとしたこの市営住宅《しえいじゅうたく》が、地域《ちいき》の景観やイメージに影響《えいきょう》してしまっています。

この市営住宅《しえいじゅうたく》を中心として、空き地や公園を活用しながら地域《ちいき》の人々《ひとびと》が交流するためのしかけを考え、地域《ちいき》全体のリノベーションを図る。そのために、ひとつの課題がありました。

リノベーションの背骨《せぼね》となるようなテーマが必要なのです。地域《ちいき》に人をよびこむだけでなく、地域《ちいき》の人々《ひとびと》が誇《ほこ》りをもてるような、その土地ならではの特徴《とくちょう》、魅力《みりょく》のようなもの。

大島《おおしま》さんは、街歩きや調査《ちょうさ》で自分なりに考えつつ、大東《だいとう》市の担当者《たんとうしゃ》にもそれについての意見を求めました。しかし、なかなか意見は上がってきません。

市の職員《しょくいん》はこの10年、人口減少《げんしょう》をくい止めようとさまざまな街づくりの努力をしてきましたが、なかなかうまくいきませんでした。街づくりのむずかしさを痛感《つうかん》してきた担当者《たんとうしゃ》には、街の魅力《みりょく》どころか、短所しかあげられません。

「となりの大阪市《おおさかし》は便利な大都会。大阪市《おおさかし》から少しはなれた郊外《こうがい》の生駒市《いこまし》や箕面市《みのおし》は、きれいな街並《まちな》みで人気があります。大東市《だいとうし》はちょうどその中間にあって、住む土地として選ばれない。しかも、昭和47年、50年に、大東《だいとう》水害という大きな災害《さいがい》におそわれました。その後は、ひたすら水害対策《たいさく》に追われて、街づくりがほかの街より遅《おく》れてしまったんです。その結果、市の財政《ざいせい》は悪化してしまいました。知名度もない、お金もない、人気もない。大東市《だいとうし》には住む所として選ばれる要素《ようそ》が何もないんです」

お手上げという担当者《たんとうしゃ》。でも大島《おおしま》さんは、街歩きを続けました。

（気づいていない価値《かち》がきっとある）

そう信じているのです。そして、ついにきっかけをつかみました。

水の存在《そんざい》

「このあたり、ずいぶん水路が多いなあ」

街を歩いていた大島《おおしま》さんが気づきました。こうした水路は飯盛山《いいもりやま》から流れてくる水で、この北条《ほうじょう》地域《ちいき》は、きれいな湧《わ》き水にめぐまれていることがわかりました。

大島《おおしま》さんが水路を指さしました。流れの中から顔をだしているのは……。

「カメがいる。かわいい。気持ちよさそうだな、あいつ」

大島《おおしま》さんの顔に自然と笑みが浮《う》かびます。

「ここは水の音もいいね」

絶《た》え間なく水の流れる音、段差《だんさ》を落ちる水の音に、大島《おおしま》さんはしばらく耳をすませました。そして、もう一度水路をのぞきこみます。

「きれいな水だよね。コンクリートで護岸《ごがん》されちゃってるのが残念だけど」

水。大島《おおしま》さんは、大きなヒントを手に入れました。

リノベーション全体の構想《こうそう》を大東《だいとう》市に提出《ていしゅつ》するまで、のこり1か月半。大島《おおしま》さんは、市も住民もわくわくするようなプランをえがくことができるのでしょうか。

東京《とうきょう》にもどった大島《おおしま》さんは、大東市《だいとう》の土地の歴史をもう一度ていねいに調べはじめました。大きなテーブルの上いっぱいに江戸《えど》時代からの地図を並《なら》べ、インターネットも駆使《くし》して、大東《だいとう》市の昔からいままでの物語を追います。

すると、いろいろなことがわかってきました。

「市営住宅《しえいじゅうたく》のあるところ、もともとはなんだろう？　池かな？」

大島《おおしま》さんが会社のスタッフに聞きました。

「鎌池《かまいけ》という池だったみたいです。形が鎌《かま》に似《に》ているからでしょうか。ブーメランみたいな形ですよね」

大島《おおしま》さんは、かつての北条地域《ほうじょうちいき》のようすを想像《そうぞう》してみます。

きれいな川が流れ、大きな池がある。そこに人が行き来して、水のめぐみの下《もと》で暮《く》らしている……。

（水害との戦いという苦しい面だけで水をとらえているのはもったいない。この地《ち》域《いき》における水の物語を、プラスの面で掘《ほ》り下げて、メッセージを発信しよう）

大島《おおしま》さんは、水の存在《そんざい》をリノベーションの軸《じく》にすることに決めました。

「昔は池だった市営住宅《しえいじゅうたく》の敷地《しきち》を水源《すいげん》に見立てる。それで、街はこの水源《すいげん》から育っていく『北条《ほうじょう》の樹《き》』という感じ」

大島《おおしま》さんが、地図に、市営住宅《しえいじゅうたく》から飯盛山《いいもりやま》のほうにのびていく、樹木《じゅもく》のイメージをかき入れます。スタッフたちが、これに続いてどんどん発言しはじめました。

「この土地は、水害との戦いで水を押《お》さえつけてきましたよね」

「そう、治水だね」

「それを変える。押《お》さえつけるのではなく、ともに暮《く》らす、共存《きょうそん》する生き方としてはどうでしょうか」

「親しむ？　治水から親水に。いいね」

キーワードと方向性《ほうこうせい》が見えてきました。

そして、どんどん具体的なプランへと発展《はってん》していきます。

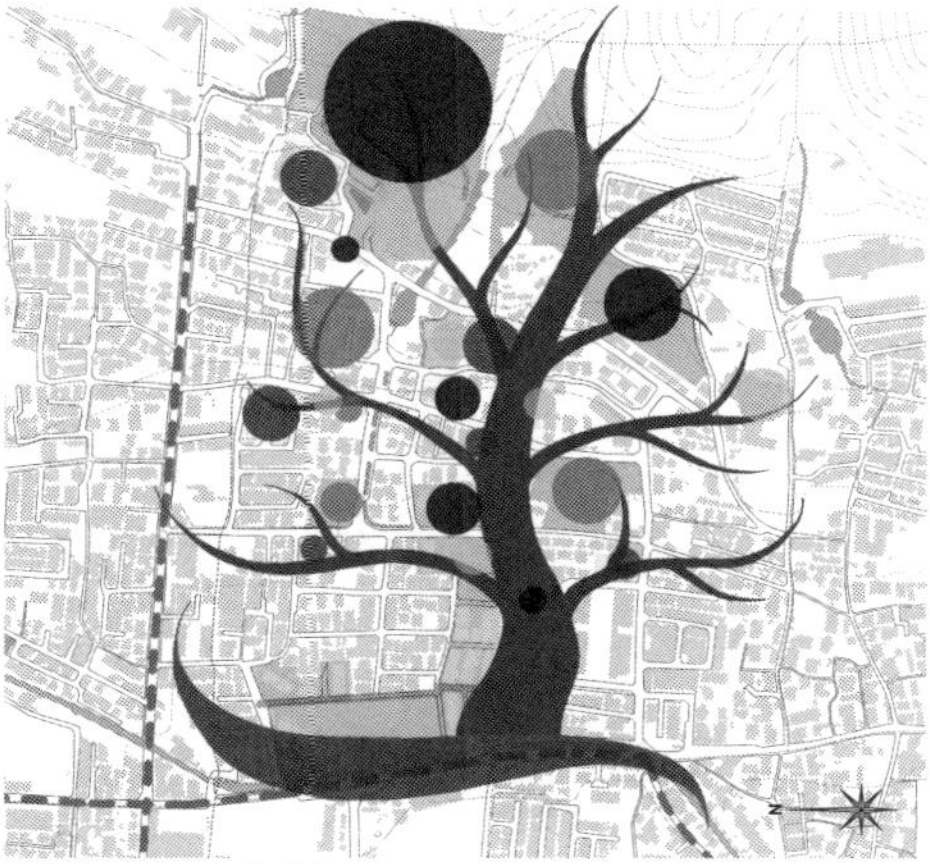

北条《ほうじょう》エリアの樹木《じゅもく》のイメージ。

1か月ほどかけて、大島《おおしま》さんは大東市《だいとうし》リノベーションの構想《こうそう》を練っていきました。固まってきたのは、北条《ほうじょう》地域《ちいき》の自然条件《じょうけん》を生かして水と親しめるエリアに生まれ変わらせる、というデザイン。

問題の市営住宅《しえいじゅうたく》は、部屋数をへらして建て直し、そこに水と親しめる広場を設《もう》けます。そして周辺に、カフェやマーケットなど、人が集まる場所を。老若男女《ろうにゃくなんにょ》、地域《ちいき》の内外を問わず人々《ひとびと》が交流できる温浴施設《しせつ》も整備《せいび》します。

さらに、飯盛山《いいもりやま》に向かって太い幹《みき》のようにのびている道路の先には、空き地を利用して果樹園《かじゅえん》や菜園をつくります。地域《ちいき》の外からも人がきてくれることをねらいました。水をテーマに人のつながりを生むプランが、かたまりつつありました。

ところが、プランの途中経過《とちゅうけいか》を見た住民団体《だんたい》から、温浴施設《しせつ》が古い街のイメージをひきずってしまうのではないか、という疑問《ぎもん》が上がってきました。直接《ちょくせつ》、住民の話を聞いてきたスタッフが、大島《おおしま》さんに説明します。

「お風呂《ふろ》のない市営住宅《しえいじゅうたく》の住民のための公衆浴場《こうしゅうよくじょう》だったので、古い不便な街の象徴《しょうちょう》、というような印象が強いようなんです」

「なるほど……」

大島《おおしま》さんは考えこみました。計画している温浴施設《しせつ》は、お年よりから子どもまで、すべての世代の人がともに集まることのできる場。水を介《かい》したふれ合いの場として、北条地域《ほうじょうちいき》らしい、魅力的《みりょくてき》な施設《しせつ》になるはずだと考えています。

（どうしても実現《じつげん》したい）

しかし、それには住民の理解《りかい》や納得《なっとく》が必要です。なんとか説得しなければなりません。こうした仕事も自分の役目だ、と大島《おおしま》さんは言います。

自分たちは地元の人たちにとってはよそ者。でも、よそ者でなければ見えない、その地域《ちいき》のすばらしさもある。それを伝えたい。大島《おおしま》さんは、大東市《だいとうし》に実現《じつげん》できる夢《ゆめ》を見せたいと思っていました。

✳夢《ゆめ》を語る

いよいよ大東市《だいとうし》に、リノベーションの全体構想《こうそう》を伝える日がやってきました。

市長、都市計画の責任者《せきにんしゃ》に、計画を了承《りょうしょう》してもらうための大切な機会です。この先協力してプランを具体化していくために、基本方針《きほんほうしん》に心から共感してもらうことは絶対条件《ぜったいじょうけん》です。市長とテーブルをはさんで向かい合い、説明会がはじまりました。

いつも楽しげな大島《おおしま》さんも、真剣《しんけん》な表情《ひょうじょう》。

大島《おおしま》さんは、大東《だいとう》市の未来についてしっかりと顔を上げて話しはじめました。

「大東《だいとう》市には、飯盛山《いいもりやま》からとてもきれいな水が流れているんですね。この川のせせらぎの音を聞き、きれいな水にふれて育つ子どもさんには、ふるさとを愛する心が育つと思います。この水に親しめる広場や公園などをつくりたいと思います」

そしてイラストを見せながら、さらに続けます。

「温浴施設《しせつ》は、毎日の入浴とはちがったのんびりした時間を楽しむ場所として整備《せいび》します。屋外では子どもが川遊び、おとなはカフェでお茶を飲み、お年よりはお風《ふ》呂《ろ》上がりに外で休みながら孫たちが遊んでいるのを眺《なが》める。多くの世代が、それぞれに楽しみながら交流できる施設《しせつ》です」

大島《おおしま》さんが用意したのは、細かくかきこんだイメージイラスト。明るい青の水と

大島《おおしま》さんがかいた北条《ほうじょう》エリアのイメージイラスト。

やわらかな緑の木々《きぎ》の中に、くつろぎ、寄《よ》りそう人たちがいます。

大島《おおしま》さんは、イラストにそって一つひとつの施設《しせつ》にこめた思いをていねいに説明しました。

水に集まった人同士がつながり、樹木《じゅもく》が枝《えだ》を広げるように街全体に活気を広げていく、大東《だいとう》市のリノベーションプラン。熱のこもった話ぶりに市長たちは聞き入っています。

ひと通りの説明が終わったところで、市長が口を開きました。

「北条《ほうじょう》エリアを本当によく調べて、理解《りかい》してくださったなと感心しました。この土地のよい伝《でん》統《とう》を生かして、地域《ちいき》内で暮《く》らして楽しむ、その融合《ゆうごう》のイメージが目に浮《う》かぶようでした」

市長は、立ち上がって大島《おおしま》さんに笑顔を向けます。

大島《おおしま》さんの全体構想《こうそう》は了承《りょうしょう》され、プランは前進することになりました。

「楽しい街を実現《じつげん》させるようがんばります。ありがとうございました」

一気に明るくなる会議室の雰囲気《ふんいき》。

大島《おおしま》さんもほっとして、いつもの笑顔がもどります。

説明会のあと、大島《おおしま》さんはこう話しました。

「これから住民の方たちにも、詳《くわ》しい説明をしていきます。やはりだいじなのは、そこに住む人たちが自分のことばで自分の街を自慢《じまん》できるということ、当事者であるということです。自分たちの街の歴史を知り、魅力《みりょく》に気づいてほしい。『物語』をつくってほしいんです。そうすれば、自然に街をだいじに思うようになるし、その気持ちが暮《く》らしを豊《ゆた》かに変えてくれます。街並《まちな》みや建物だけではなく、人が変わるということが何よりも重要です。それを一生懸命《いっしょうけんめい》伝えていこうと思います」

住民自身が参加し、おたがいにつながって実現《じつげん》するリノベーション。

大島《おおしま》さんは、つなぎ続けていきます。

建物を変える、街が変わる

大島芳彦《おおしまよしひこ》

プロフェッショナルとは

一歩下がって俯瞰《ふかん》して見ることによって、
まわりとの関係などを整理すること。
そして、それを、シンプルで、骨太《ほねぶと》で、
伝わりやすい手段《しゅだん》で伝えること。
伝え方をデザインするということが、
プロの仕事だと思います。

第313回2017年1月16日放送

こんなところがプロフェッショナル！

建物や街をよみがえらせるリノベーションのプロ大島芳彦《おおしまよしひこ》さん。
そのほかにもこんなところがすごいよ。

価値《かち》がないものも価値《かち》がある

世の中が「価値《かち》がない」という古い建物でも、大《おお》島《しま》さんには「ダイヤの原石」に見えるそうです。そこには歴史があり、物語があるからです。大島《おおしま》さんのデザインは、物語を解《かい》釈《しゃく》し直して、「価値《かち》あるもの」に生まれ変わらせます。

全国の空き家をよみがえらせる！

急増《きゅうぞう》する空き家やつかわれなくなった商業ビルを解消《かいしょう》するためにおこなっている「リノベーションスクール」。地元も加わって、現在《げんざい》、全国各地で事業が立ち上がっています。

依頼主《いらいぬし》の建物への思いも育む

大島《おおしま》さんは建物をリノベーションするとき、依《い》頼主《らいぬし》との話し合いをだいじにしています。建物や家族の歴史まで徹底《てってい》して掘《ほ》り下げ、建物やその土地のあり方を依頼主《いらいぬし》といっしょに考えることで、依頼主《いらいぬし》の建物への思いを育んでいくのです。

人に伝えることを考える

どんなにいいプランを考えても、依頼主《いらいぬし》に伝わらなければ実現《じつげん》しません。大島《おおしま》さんは、人に思いを伝えるとき、「どう説明すればわかってもらえるのか」を大切にしています。

プロフェッショナルの格《かく》言《げん》

街や建物を再生する建築家《けんちくか》、大島芳彦《おおしまよしひこ》さんのことばを心にきざもう。

人のつながりが切れたとき、建物は死ぬ

建物はかんたんに価値《かち》を失ってしまう。建物が命を保《たも》てるのは、そこをつかう人たちの存在《そんざい》あってこそだと大島《おおしま》さんは考えます。「建物を守るのは、人のつながり」。これが大島さんのリノベーションの核心《かくしん》です。

リノベーションで本当の豊《ゆた》かさを求める

大島《おおしま》さんは、「豊《ゆた》かさに量を求めようとすると際限《さいげん》がない。それを追い求めるのはものすごく貧《まず》しい考え。いまあたえられた環境《かんきょう》で、どう暮《く》らしを豊《ゆた》かにするかを考えるほうが、楽しいし、豊《ゆた》かさを感じます」と語ります。

まかせますは、人まかせ

大島《おおしま》さんは、「まかせます」はけっしていいことではないと言います。「まかせます」はうれしいけれど、それは当事者意識《いしき》を放棄《ほうき》していること。つまり、「人まかせ」ということなのだと考えているのです。

NHK
プロフェッショナル
仕事の流儀

■執　　筆　そらみつ企画
■編集協力　株式会社 NHK出版
■デザイン・レイアウト　有限会社チャダル
■イラスト　門司美恵子
■協　　力　株式会社サンフレッチェ広島、公益財団法人日本棋院、日吉歯科診療所、
株式会社ブルースタジオ、あおばデンタルクリニック
■写真協力　株式会社サンフレッチェ広島、Jリーグ
むかわ町穂別博物館、読売新聞社
■編　　集　株式会社アルバ
■カバーイラスト　usi

NHK プロフェッショナル 仕事の流儀 8

信念をつらぬくプロフェッショナル

発　行　2018年4月　第1刷

編　者　NHK「プロフェッショナル」制作班

発行者　長谷川 均
編　集　崎山貴弘
発行所　株式会社ポプラ社
〒160-8565　東京都新宿区大京町 22-1
振　替：00140-3-149271
電　話：03-3357-2212（営業）
03-3357-2635（編集）

ホームページ　www.poplar.co.jp
印刷・製本　中央精版印刷株式会社

N.D.C.916/191 P /20cm　ISBN 978-4-591-15764-0
Printed in Japan